Werner Tschirk

Raumplanung neu kommunizieren

Werner Tschirk

Raumplanung neu kommunizieren

Kooperative Planungsmodelle und Netzwerkbildung

VDM Verlag Dr. Müller

Impressum

Bibliografische Information der Deutschen Nationalbibliothek: Die Deutsche Nationalbibliothek verzeichnet diese Publikation in der Deutschen Nationalbibliografie; detaillierte bibliografische Daten sind im Internet über http://dnb.d-nb.de abrufbar.

Alle in diesem Buch genannten Marken und Produktnamen unterliegen warenzeichen-, marken- oder patentrechtlichem Schutz bzw. sind Warenzeichen oder eingetragene Warenzeichen der jeweiligen Inhaber. Die Wiedergabe von Marken, Produktnamen, Gebrauchsnamen, Handelsnamen, Warenbezeichnungen u.s.w. in diesem Werk berechtigt auch ohne besondere Kennzeichnung nicht zu der Annahme, dass solche Namen im Sinne der Warenzeichen- und Markenschutzgesetzgebung als frei zu betrachten wären und daher von jedermann benutzt werden dürften.

Coverbild: www.purestockx.com

Erscheinungsjahr: 2008
Erscheinungsort: Saarbrücken

Verlag:
VDM Verlag Dr. Müller Aktiengesellschaft & Co. KG, Dudweiler Landstr. 125 a, 66123 Saarbrücken, Deutschland,
Telefon +49 681 9100-698, Telefax +49 681 9100-988,
Email: info@vdm-verlag.de

Herstellung in Deutschland:
Schaltungsdienst Lange o.H.G., Zehrensdorfer Str. 11, D-12277 Berlin
Books on Demand GmbH, Gutenbergring 53, D-22848 Norderstedt

ISBN: 978-3-8364-6750-6

Inhaltsverzeichnis

VORWORT	**4**
KURZFASSUNG / SUMMARY	**6**
1. RAUMPLANUNG UNTER SICH ÄNDERNDEN RAHMENBEDINGUNGEN	**10**
1.1 Trends mit Auswirkungen auf den Raum	11
1.1.1 Gesellschaftlich-räumliche Trends	11
1.1.2 Wirtschaftliche Trends	15
1.1.3 Politisch-administrative Trends	16
1.2 Wohin steuert Raumplanung?	19
1.3 Neue Aufgaben und Herausforderungen für RaumplanerInnen	22
2. RAUMPLANUNG BRAUCHT KOMMUNIKATION	**30**
2.1 Kommunizieren statt planen?	33
2.1.1 Das kooperative Planungsmodell von Selle	33
2.1.2 Das kommunikative Planungsmodell von Forester	35
2.1.3 Das argumentative Planungsmodell von Rittel	37
2.1.4 Anforderungen an eine kommunikativ orientierte Planungspraxis	39
2.1.5 Relativierung der kommunikativ-kooperativen Beteiligung	41
2.2 Kommunikation auf der fachlichen Ebene	44
2.3 Neue Medien, neue Möglichkeiten	47
3. NETZWERK RAUMPLANUNG	**52**
3.1 Konzept	55
3.1.1 Grundsätze, Ziele und Zielgruppe	55
3.1.2 Informations- und Kommunikationsangebot	58
3.2 Rückblick und Ausblick	65
4. GLOSSAR	**66**
5. VERZEICHNISSE	**70**
5.1 Quellenverzeichnis	70
5.2 Abbildungsverzeichnis	74
5.3 Tabellenverzeichnis	75
6. ANHANG	**76**
6.1 Kurzinformation zum Netzwerk Raumplanung	76
6.2 Kontaktdaten zum Netzwerk Raumplanung	78
6.3 Postkarte zum Netzwerk Raumplanung	78

Vorwort

Die vorliegende Arbeit beschäftigt sich mit der Raumplanung[1] in einer Gesellschaft, die manche Informationsgesellschaft, Wissensgesellschaft oder Netzwerkgesellschaft nennen. Es wird der Fragestellung nachgegangen, wie sich grundsätzliche Rahmenbedingungen geändert haben und welche Konsequenzen diese Änderungen für die Raumplanung haben (siehe dazu Kapitel 1). **Problemstellung**

Immer wieder stellt sich die Frage: Warum ist Raumplanung, obwohl sie entscheidenden Einfluss auf viele Lebensbereiche nimmt und dem Gemeinwohl dient, eine eher unbekannte – mitunter sogar unerwünschte – Disziplin? Unlängst hörte ich von einer älteren unbekannten Dame, dass die „Raumplaner alle Wiesen kaputt machen". Eine andere zufällige Bekanntschaft meinte wiederum, dass „Raumplaner die Städte verschandeln". Warum prägen häufig negative Assoziationen das Bild der Raumplanung in der Bevölkerung?

Als eine hauptsächliche Konsequenz der geänderten Rahmenbedingungen und des kurz skizzierten Bildes von Raumplanung in der Öffentlichkeit wird ein vermehrter Kommunikationsbedarf – sowohl auf der fachlichen Ebene als auch mit den betroffenen Akteuren – sichtbar. Ich erstelle die These, dass Raumplanung neu – im Sinne von besser – kommuniziert werden muss (siehe dazu Kapitel 2). **Thesen**

Raumplanung braucht für seine Wirksamkeit also nicht nur „gute Arbeit" bei der Erstellung des fachlich-technischen Kerns, sondern auch „gute Vermittlung". Raumplanung braucht den Dialog mit den Betroffenen, professionelle Öffentlichkeitsarbeit und Berichterstattung, Verständigung mit BürgerInnen und Aufklärung über die Wirksamkeit von erfolgreichen planerischen Maßnahmen.

---

[1] Anmerkungen zum Begriff „Raumplanung" (siehe auch Glossar): Der Begriff „Raumplanung" wird in dieser Arbeit im umfassenden Sinn verwendet. Mit „Raumplanung" i.w.S. sind auch raumbezogene Planung, räumliche Planung, Raumordnung, Raumentwicklung, Stadt- und Regionalplanung, hoheitliche Raumplanung sowie kommunale und regionale Entwicklungsplanung etc. angesprochen.

Mit „(Raum)PlanerInnen" sind die Akteure im fachlichen Bereich der Raumplanung gemeint. RaumplanerInnen, wie sie etwa an der Technischen Universität Wien ausgebildet werden, erlangen auch Kenntnisse in Verkehrsplanung, Landschaftsplanung, Standortentwicklung etc. sowie im Umgang mit „neuen Medien" und Informationssystemen, Beteiligungsverfahren und Prozessabwicklung. Somit umfasst der mögliche Tätigkeitsbereich von „RaumplanerInnen" auch diese Fachbereiche.

Was die RaumplanerInnen betrifft, müssen sie sich vor Augen halten, dass ihre Arbeit in Zukunft von entscheidender Bedeutung sein wird, wenn es darum geht, Lebensqualität in den Städten wie peripheren Regionen zu sichern. Sie werden in einer zunehmend individualisierteren Gesellschaft als ProblemlöserInnen und ManagerInnen im Raum eine Vermittler-, Organisations- und Koordinationsrolle übernehmen. Sie werden in prozessorientierten Verfahren und in Koordination und Kooperation mit verschiedenen Akteursgruppen Lösungen erarbeiten. „Gemeinsam gewinnen" wird das Motto lauten müssen!

(Lösungs)Wege „Neue Medien" – vor allem das Internet als Kommunikationsmedium Nummer eins – eröffnen neue Wege und erweitern das Set an Möglichkeiten und Instrumenten der Raumplanung. Das „Netzwerk Raumplanung" (siehe dazu Kapitel 3), bietet eine Plattform für einen zukunftsorientierten Dialog zwischen Theorie und Praxis und zwischen RaumplanerInnen und Fachgebieten.

Ich möchte Sie an dieser Stelle herzlich einladen, sich im „Netzwerk Raumplanung" unter http://www.netzwerk-raumplanung.at zu registrieren. Ich würde mich freuen, Sie in der RaumplanerInnen-Community begrüßen zu dürfen!

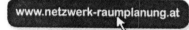

DANKE! Es ist mir weiters ein großes Anliegen, mich bei den Personen zu bedanken, die mich bei der Arbeit zu diesem Buch unterstütz haben. Mein ganz besonderer Dank gilt hierfür meiner Lebensgefährtin Andrea Horvath, meinen Eltern Margarete und Johann Tschirk, meinem Kollegen Andreas Voigt für seine Anregungen und für sein großartiges Engagement für das „Netzwerk Raumplanung", dem Team des Fachbereiches Örtliche Raumplanung im Department für Raumentwicklung, Infrastruktur- und Umweltplanung der TU Wien sowie allen Personen, die zum Gelingen des Projektes „Netzwerk Raumplanung" beigetragen haben!

Werner Tschirk, im Februar 2008

Kurzfassung

Neben naturräumlich-ökologischen Gegebenheiten ist räumliche Planung vor allem eng mit gesellschaftlichen, wirtschaftlichen und politisch-administrativen Rahmenbedingungen und Entwicklungen verbunden. Eine Änderung dieser Rahmenbedingungen[2] bringt zwangsläufig auch eine Änderung der Bedingungen der Raumplanung mit sich. Künftig werden PlanerInnen in einer individualisierteren Gesellschaft als Problemlöser und Manager im Raum vermehrt Vermittler-, Organisations- und Koordinationsrollen zu übernehmen haben. Zudem stehen prozessuale Aspekte der Planung zunehmend im Vordergrund. Zur Bewältigung von Planungsaufgaben sind effiziente und verstärkte Kommunikation sowie die Erarbeitung von Lösungen im Dialog mit betroffenen Akteuren erforderlich.

Raumplanung neu kommunizieren

Wie dieser Dialog aussehen könnte, wird in drei prozessorientierten Planungsansätzen (SELLE, FORESTER, RITTEL) näher beschrieben und daraus Anforderungen an eine kommunikativ-orientierte Planungspraxis abgeleitet:
- umfassende, frühzeitige, aktive Einbindung möglichst vieler unterschiedlicher betroffener Akteure;
- Gestalten von Planung als offener Prozess;
- Verlagern von Entscheidungsmacht in den intermediären Bereich (SELLE) und eine partizipatorische (FORESTER) bzw. deliberative (SELLE) Entscheidungsfindung.

Neue Medien, besonders das Internet und Formen der Visualisierung von Planungen nehmen bei der Kommunikation und Partizipation von Bürgern einen großen Stellenwert ein. Für RaumplanerInnen bedeutet das, dass sie sich vermehrt mit medialer Aufbereitung beschäftigen und Kenntnisse im Umgang mit neuen Medien aneignen müssen. Ebenso sind „offene" Planung in Netzwerken, Ehrlichkeit, Vereinfachung und Konzentration auf das Wesentliche, Regionalisierung, grenzüberschreitende Zusammenarbeit und Vernetzung Themen, mit denen sich RaumplanerInnen verstärkt auseinander zu setzen haben.

Die Forderung nach verbesserter Kommunikation betrifft jedoch nicht nur den Dialog zwischen „Planungswelt" und „Alltagswelt" (SCHÖNWANDT, 2002), sondern

---

[2] etwa durch Globalisierung, demographischen Wandel, Tendenzen zur Freizeitgesellschaft und zur Individualisierung der Gesellschaft, Verwaltungsmodernisierung, sektoralen Wandel hin zu einer Informations- oder Wissensgesellschaft etc.

auch die Weiterentwicklung und die Diskussion innerhalb der „Planungswelt".
Für SCHINDEGGER etwa zählt „die in Österreich kaum stattfindende reflektierende
Diskussion (innerhalb) des Fachgebietes Raumplanung ... zu den größten
Defiziten dieser Disziplin" (SCHINDEGGER, 1999, S. 8).

Es gilt einen Weg zu finden, Raumplanung neu – im Sinne von besser – zu
kommunizieren und auf die Stärken und Erfolge hinzuweisen.

Als Beispiel für einen Weg der verbesserten Kommunikation innerhalb des
Fachgebietes kann das „Netzwerk Raumplanung", das am Fachbereich für
Örtliche Raumplanung der Technischen Universität Wien entwickelt wurde,
angesehen werden. Das „Netzwerk Raumplanung" ist eine Plattform der
Kommunikation, Information und Kooperation. Ziel dieser Internetplattform ist
es, RaumplanerInnen besser zu vernetzen, Raumplanung zu vermitteln und
gemeinsam an Lösungen zu arbeiten.

Summary

New approaches to the communication of spatial planning

As well as being affected by the natural environment and ecological factors, spatial planning is above all closely linked to social, economic and political-administrative conditions and developments. Any change in these parameters[3] necessarily also entails a change in the conditions of spatial planning. In future, planners will increasingly be required to assume mediation, organisation and coordination roles as spatial problem-solvers and managers in a more individualised society. In addition, process-related aspects of planning are increasingly coming to the fore. In order to cope with these new planning tasks, stronger, more efficient modes of communication and solutions elaborated in dialogue with the affected actors are required.

What this dialogue might look like is described in greater detail in three process-oriented approaches to planning (SELLE, FORESTER, RITTEL), from which the following features required of communication-oriented planning practice are derived:
- comprehensive, early, active involvement of as many different affected actors as possible;

---

[3] Owing, for instance, to globalisation, demographic change, the trends towards the leisure society and individualisation of society, modernisation of administration, sectoral shifts towards an information or knowledge society, etc.

- conception of planning as an open process;
- transfer of decision-making power to the intermediary level (SELLE), accompanied by participatory (FORESTER) and deliberative (SELLE) decision-making.

New media, especially the internet and forms of planning visualisation, play an important role in the communication process and citizens' participation in it. This means that spatial planners are increasingly required to familiarise themselves with media-based presentation and acquire the skills required to handle new media. "Open" planning in networks, honesty, simplification and concentration on the essentials, regionalization, cross-border cooperation and networking are likewise issues that will have to be increasingly addressed by spatial planners.

The call for improved communication not only refers to the dialogue between the "planning world" and the "everyday world" (SCHÖNWANDT, 2002), however, but also to future developments and debate within the "planning world" itself. In SCHINDEGGER's view, for instance, "the virtual lack of any reflective discussion (within) the field of spatial planning in Austria is one of the greatest deficits of this discipline" (SCHINDEGGER, 1999, p. 8).

Planners are therefore called upon to find new – i.e. better - ways of communicating spatial planning and highlighting its strengths and successes.

The "Spatial Planning Network" which was developed at the Centre of Local Planning of the Vienna University of Technology can be seen as one example of an approach to improved communication within the discipline. The "Spatial Planning Network" is an internet platform for communication, information and cooperation which aims to build up a network of planners, communicate issues related to spatial planning and facilitate work on joint solutions.

1. Raumplanung unter sich ändernden Rahmenbedingungen

"Veränderungen machen unsicher, wenn man nicht weiß, wohin sie führen, und wenn man nicht mitgestalten kann. Veränderung kann auch eine Chance für Neues sein. Vorausgesetzt, man findet Kraft zur Gestaltung des Veränderungsprozesses."

SIEGHARTSLEITNER, 2004

Neben naturräumlich-ökologischen Gegebenheiten ist räumliche Planung vor allem eng mit gesellschaftlichen, wirtschaftlichen und politisch-administrativen Rahmenbedingungen und Entwicklungen verbunden. Eine Änderung dieser Rahmenbedingungen – etwa durch technischen Fortschritt – bringt zwangsläufig auch eine Änderung der Bedingungen der Raumplanung mit sich. Veränderung bedeutet dabei immer das Verlassen eines bekannten Weges und die Konfrontation mit Neuem. Wie im Eingangszitat erwähnt, ist es von Bedeutung, dass „man mitgestalten kann" und, dass man einen Plan hat, der aufzeigt, wohin die Veränderung führen soll. Um einen Plan zu entwickeln, ist ein Blick auf die Ist-Situation erforderlich. Aus diesem Grund ist es wichtig, sich auch mit grundlegenden Fragestellungen und Rahmenbedingungen zu beschäftigen, wobei es nicht darum geht, das „Rad neu zu erfinden". Vielmehr geht es um den Prozess des Bewusstmachens. Denn gerade das Wesentliche ist schwer zu erkennen und Schwächen werden meist eher gesehen als offensichtliche Stärken.

Im kommenden Kapitel wird der Blick auf gesellschaftlich-räumliche, wirtschaftliche und politisch-administrative Trends und wesentliche Entwicklungen (Kapitel 1.1) und die davon ausgehende mögliche Veränderung für die Disziplin Raumplanung (Kapitel 1.2) gerichtet. Im Kapitel 1.3 geht es dann darum, die Stärken der RaumplanerInnen zu erkennen und neue Herausforderungen, aber auch Wege für PlanerInnen anzudenken.

1.1 Trends mit Auswirkungen auf den Raum

In diesem Kapitel wird auf ausgewählte Trends mit räumlichen Auswirkungen – also auch Auswirkungen auf die Raumplanung – eingegangen. Dabei wird folgend zwischen gesellschaftlich-räumlichen, wirtschaftlichen und politisch-administrativen Trends unterschieden, wobei natürlich auch Überschneidungen gegeben sind. Zu erwähnen ist, dass es sich dabei keinesfalls um eine vollständige Aufzählung handelt. Es ist vielmehr nur ein kurzes Anschneiden von Themen aus einer Vielzahl von Gegebenheiten, die für eine zukünftige Raumplanung von Bedeutung sein können.

1.1.1 Gesellschaftlich-räumliche Trends

Der Wandel der Gesellschaft ist mehreren Schwankungen mit unterschiedlicher Intensität unterworfen. Dabei können mehrere „driving forces", die mit verschieden langen Amplituden wirksam sind und sich gegenwärtig überlagern, ausgemacht werden. Die ökonomische Umstrukturierung infolge des Übergangs vom Fordismus zum Postfordismus sowie der Übergang von einer Industrie- zu einer Dienstleistungsgesellschaft sind dabei von besonderer Bedeutung. Bildungs-, Kultur-, Arbeits- und Gesundheitswesen sowie Handel, Transport und Kommunikation sind von Veränderungen betroffen (vgl. DANGSCHAT, 2005, S. 20). Die Auswirkungen dieser Änderungen werden nun folgend beschrieben:

Individualisierung Neue Berufe und Beschäftigungsformen[4], mit denen gleichzeitig auch häufig flexible Formen der Zeit- und Raumnutzungsmuster einhergehen, führen zu einer Heterogenität der Lebensmuster sowie zur Flexibilisierung des Arbeitsmarktes. Dies macht es für die Raumplanung schwierig, allgemeine Aussagen über das Verhalten der Akteure im Raum zu treffen. Anstelle einer „kollektiven Masse", der ein gewisses Spektrum an Bedürfnissen zugeordnet wird, hat man es mit Individualisten mit unterschiedlichen Lebenszielen und -stilen zu tun, deren Ansprüche an den Raum unterschiedlicher nicht sein könnten. (vgl. ÖROK, 2002, S. 11)

---

[4] „Überall in den spätindustriellen Nationen entwickelt sich derzeit eine neue "Kreative Klasse", ein Milieu von kooperierenden Einzelkämpfern jenseits der großen Organisationen. Diese Klasse, die natürlich keine Klasse im Marxschen Sinn ist, verdient ihr Geld mit Erfindungsreichtum. Sie lebt von direkten, persönlichen Kundenbeziehungen. Von Arbeit in temporären, wechselnden Teams. Und sie organisiert sich nicht mehr in Gewerkschaften, Lobbies oder Industrieverbänden. Sondern in Netzwerken. Talent-Netzwerken. Freundschafts-Netzwerken. Kunden-Netzwerken. Wissens-Netzwerken." (HORX, 2004, in: DIE PRESSE, Wiener Tageszeitung, 20.03.2004)

Durch eine (Über-)Alterung der Gesellschaft, in welcher der Anteil der nicht mehr Erwerbstätigen sowie der Anteil der über 75-jährigen rasch ansteigt, werden soziale Sicherungssysteme (z.B.: Gesundheitssystem, Rentenversicherung) enorm belastet (siehe dazu Abb. 1). Zuwanderung, die das Ausmaß der Alterung der Gesellschaft in den Industriestaaten verändern könnte, bedeutet eine zunehmende Herausforderung zur Integration der unterschiedlichen sozialen Gruppen durch unterschiedliche kulturelle Wertvorstellungen, Interessenslagen und Verhaltensweisen. Der demographische Wandel hat aber auch eine räumliche Dimension. „Gewinner" im Sinne eines Bevölkerungswachstums werden zentrumsnahe, ökonomisch prosperierende Regionen sein. Periphere ländliche Räume werden eher mit Bevölkerungsverlusten zu tun haben. Innerhalb der regionalen und lokalen räumlichen Struktur kommt es zunehmend zu einer Polarisierung. Dies bedeutet eine Zunahme der Anstrengungen, um jeweilige ortsspezifische Benachteiligungen auszugleichen und gleichwertige Lebensbedingungen zu ermöglichen (vgl. DANGSCHAT, 2005, S. 21). Raumplanung wird sich vielerorts mit dem Thema der Schrumpfung und dem geordneten Rückbau von Städten zu beschäftigen haben. Gleichzeitig vollzieht sich aber ein Prozess, der als Suburbanisierung zu bezeichnen ist. Der gestiegene Wohlstand breiter Bevölkerungsgruppen und der Wunsch nach Wohnen im Grünen fördern die Ausbreitung der Wohngebiete im „Speckgürtel" der Städte. (vgl. ÖROK, 2002, S. 12 - 17)

Demographischer Wandel und räumliche Folgen

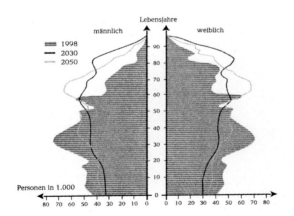

Abb. 1
Bevölkerungspyramide
1998, 2030, 2050

Quelle: ÖROK, 2002, S. 10

Familien und Haushaltsgrößen

Neben der zunehmenden Alterung stellt auch die Reduktion der durchschnittlichen Haushaltsgröße bei steigendem Wohnraumbedarf einen maßgeblichen Faktor für die Raumentwicklung dar. Laut ÖROK-Prognose 2005 ist der Trend eindeutig: „Die Zahl der Haushalte steigt, die Haushaltsgrößen sinken. ... Die Wohnungszahl und die Wohnfläche wachsen im Schnitt deutlich rascher als die Haushaltszahl und noch deutlich rascher als die Wohnbevölkerung. Der Wohnungsbedarf koppelt sich damit von den direkten Einflüssen der demographischen Entwicklung ab." (ÖROK, 2005A, S. IV). Österreich liegt derzeit (1. Quartal 2005) bei einer durchschnittlichen Haushaltsgröße von 2,34 Personen (Tendenz fallend) und einer durchschnittlichen Wohnnutzfläche von 96,8m² (Tendenz steigend). Das ergibt eine Fläche von ca. 41m² pro Person (STATISTIK AUSTRIA, 2006). Zusätzlicher Flächenbedarf ergibt sich durch Zersiedelung (geringere Dichten) und Suburbanisierung.

Bevölkerungsentwicklung

Trotz steigender Geburtendefizite wird die Einwohnerzahl Österreichs durch Zuwanderung aus dem Ausland in den kommenden Jahren weiter wachsen. Nach der ÖROK Bevölkerungsprognose 2004 wird im Jahr 2027 mit 8,43 Mio. ein historisches Maximum erreicht. Danach wird die geschätzte Einwanderung das bis dahin schon relativ hohe Geburtendefizit nicht mehr ausgleichen können (vgl. ÖROK, 2004, S. 56 f.). Das beschriebene Wachstum wird jedoch nicht in allen Regionen Österreichs gleichermaßen stattfinden. Es wird starke regionale Unterschiede geben, wobei die Großstadt Wien am meisten und periphere Regionen am wenigsten vom Wachstum profitieren werden (siehe Abb. 2). (vgl. ebd., S. 66 - 71)

Abb. 2 Bevölkerungsveränderung bis 2031

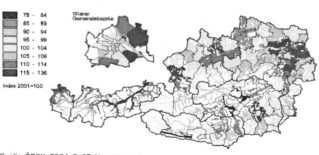

Quelle: ÖROK, 2004, S. 67, Hauptszenario

1. Raumplanung unter sich ändernden Rahmenbedingungen

Durch vermehrte Lohnspreizung sowie einem steigenden Risiko der Arbeitslosigkeit bei gleichzeitigem Rückbau sozialer Sicherungssysteme kommt es zu einer verstärkten Differenzierung zwischen armer und reicher Bevölkerung. Auch dieser Prozess hat wiederum eine räumliche Komponente, was sich in der Segregation dieser Bevölkerungsgruppen an unterschiedlichen Standorten niederschlagen kann. Sprich: wenn armutsgefährdete Bevölkerungsgruppen in bestimmten Stadtteilen oder Regionen leben, dann erhöht sich die Gefahr einer baulichen und sozioökonomischen Abwärtsentwicklung. Eine entsprechende Integrationspolitik ist deshalb von Bedeutung. (vgl. DANGSCHAT, 2005, S. 20 f.; ÖROK, 2002, S. 74 f.)

Zunahme sozioökonomischer Ungleichheiten

Der wachsende Wohlstand bei entsprechender Freizeit führt dazu, dass Freizeit- und Erholungsgestaltung zunehmend an Bedeutung gewinnen. „Inszenierung" eines spezifischen Ortes, einer Landschaft oder einer Region ist dabei ein wesentliches Aktionsfeld der Freizeitwirtschaft geworden. Inszeniert werden zunehmend auch alltägliche Notwendigkeiten wie Einkaufen, Vergnügen und Erholung. Diese gehen zudem ineinander über und führen zu neuen Formen der Freizeitgestaltung. Räumliche Folgen dieses „Erlebniseinkaufens" sind multifunktionale Shoppingcenter, die eine Koppelung von spezifischen Freizeitaktivitäten mit dem Einkaufen ermöglichen. Ein bekanntes österreichisches Beispiel ist die SCS (Shopping City Süd) in Vösendorf bei Wien. Für die Stadt- und Ortskerne wird bzw. ist es schwierig, mit der Konkurrenz der Shopping-Center am Ortsrand mitzuhalten. (vgl. ÖROK, 2002, S. 14 f.)

Entwicklung zur Freizeitgesellschaft

Die Entwicklung der Informations- und Kommunikationstechnologie hat die internationale Arbeitsteilung erhöht, aber auch die Form der Arbeit und Kommunikation entscheidend verändert. Informationsbeschaffung und Informationsverarbeitung sind entscheidende Faktoren im Prozess der wirtschaftlichen Wertschöpfung. Gleichzeitig vollzieht sich ein sektoraler Wandel vom sekundären und tertiären Sektor hin zum quartären Sektor[5]. Dabei ergeben sich neue Berufe und Arbeitsformen sowie vielfältige Chancen zum Zugang zu Bildung und Information über alle Grenzen hinweg. Es wird von der Leistungsfähigkeit der Kommunikationsinfrastruktur abhängen, in welchem Ausmaß Regionen daran teilhaben werden. (vgl. ebd., S. 15 f.)

Informationsgesellschaft

---

[5] Hierunter fallen insbesondere High Tech (Hochtechnologie) und IT (Informationstechnologie) sowie alle Branchen, die sich mit Erstellung, Verarbeitung und Verkauf von Informationen (Daten und Wissen) beschäftigen (vgl. WIKIPEDIA, 2007, Wirtschaftssektor)

1.1.2 Wirtschaftliche Trends

Unter Punkt 1.1.2 wird vor allem auf die Veränderungen der Wirtschaftstätigkeit selbst eingegangen. Diese zählen, ähnlich wie die gesellschaftlichen Entwicklungen, zu den wichtigsten Rahmenbedingungen der Raumplanung.

Ortsungebundenheit und Globalisierung

Unter Globalisierung versteht man Prozesse einer zunehmenden internationalen Verflechtung verschiedenster Bereiche in Wirtschaft und Gesellschaft. Damit verbunden sind Veränderungen der ökonomischen, politischen, sozialen, kulturellen und ökologischen Verhältnisse. Als wesentliche Ursache der Globalisierung kann der technische Fortschritt in nahezu allen Bereichen – insbesondere in den Kommunikations- und Transporttechniken – sowie politische Entscheidungen zur Liberalisierung des Welthandels gesehen werden. Die verstärkte internationale Arbeitsteilung, die Beseitigung der nationalstaatlichen Barrieren und die technologische Entwicklung erhöhen die Mobilität der Produktionsfaktoren Arbeit und Kapital. Somit gewinnen qualitative, „weiche" Standortmerkmale[6] an Bedeutung und erhöhen den Wettbewerb der Städte und Regionen. Die Vorteile des Globalisierungsprozesses können jedoch nur von Unternehmen mit einer Mindestgröße samt einer entsprechenden organisatorischen Struktur genützt werden. Diese Unternehmen besitzen dadurch ein hohes Maß an Standortflexibilität und Markt- und Verhandlungsmacht. (vgl. ÖROK, 2002, S. 9 f.; ARL, 2005, S. 397 f.; WIKIPEDIA, 2007, Globalisierung)

Arbeitsmarkt, BIP

Durch die Lockerung sozialrechtlicher und betriebsorganisatorischer Regelungen erfolgt eine Flexibilisierung des Arbeitsmarktes. Neue Formen der Berufstätigkeit entstehen, die Teilzeitarbeit nimmt deutlich zu und die Dauer der Betriebszugehörigkeit ab (vgl. ÖROK, 2002, S. 11, S. 73 f.). Weiters bedarf die zunehmende Integration von Österreichs Wirtschaft in europäische und globale Märkte einer Verbesserung der Wettbewerbsfähigkeit. Der Zwang zur Erhöhung der Bruttowertschöpfung und damit der Produktivität stellen ungünstige Voraussetzungen für die Beschäftigten dar. So nahm in den letzten Jahren die Arbeitslosigkeit deutlich zu, und die gesamtwirtschaftliche Konjunktur erreichte nicht jene Zuwächse, die notwendig sind, um Arbeitslose abzubauen (vgl. ÖROK, 2005c, S. 21 f.). Obwohl das reale Bruttoinlandsprodukt (BIP) der österreichischen Wirtschaft bis 2010 um ca. 2,1% pro Jahr wachsen wird und damit leicht

---

[6] dies sind zum Beispiel qualifizierte Arbeitskräfte, aufgeschlossenes gesellschaftliches Umfeld („kreatives" Milieu), schlanker institutioneller Rahmen (kurze Wartezeiten bei Genehmigungsverfahren etc.), Governance, usw. (ÖROK, 2002, S. 42 ff.)

über dem EU 15-Durchschnitt liegt, wird die Wachstumsdynamik nicht ausreichen, um die Arbeitslosenquote zu verringern (vgl. WIFO, 2006).

Wie in Kapitel 1.1.1 unter Punkt „Informationsgesellschaft" bereits erwähnt, vollzieht sich ein sektoraler Wandel vom sekundären und tertiären Sektor hin zum quartären Sektor. Damit ergeben sich Veränderungen in Hinblick auf neue Berufe und Arbeitsformen. Der sektorale Wandel kann im Bereich der Deindustrialisierung, wo „alte" Industrien (Kohle, Stahl etc.) davon betroffen sind, auch zu einer Reduktion der Umweltlasten führen. (vgl. SELLE, 2005, S. 177)

Sektoraler Wandel

1.1.3 Politisch-administrative Trends

Die politisch-administrativen Trends und Rahmenbedingungen nehmen Einfluss auf die wirtschaftlichen und gesellschaftlich-räumlichen Trends. So haben beispielsweise politische Entscheidungen ebenso Auswirkung auf Zuwanderung und Ausbildung wie auf die Wirtschaftstätigkeit, um nur einige Beispiele zu nennen. Gleichzeitig ist es auch schwer, Prognosen über politisch-administrative Entwicklungen zu machen, weil diese von vielerlei Faktoren – und nicht zuletzt von medialer Inszenierung und Berichterstattung – abhängen.

Im öffentlichen Sektor kommt es nach und nach zu tief greifenden Umstrukturierungen. Seit etwa einem Jahrzehnt zeichnet sich in Österreich und anderen europäischen Ländern ein Prozess ab, der als „Entstaatlichung" beschrieben werden kann: Der Staat (und mit ihm die Kommunen) zieht sich aus vielen Bereichen wie Telekommunikation, Energie, Ver- und Entsorgung, Infrastrukturbereitstellung etc. zurück. Vormals staatliche Aufgaben werden dem Markt oder der Gesellschaft überantwortet (siehe auch Punkt „Governance"). Zugleich findet eine Umgestaltung öffentlicher Verwaltungsstrukturen statt: Sie werden zu privatwirtschaftlich tätigen Unternehmen umgewandelt oder ganz aus dem öffentlichen Sektor „ausgelagert". Dieser Prozess der Deregulierung und Verwaltungsmodernisierung ist mit einem Verlust an Gestaltungskraft der öffentlichen Hand verbunden. Die Gebietskörperschaften sind zunehmend auf das Mitwirken privater Akteure und an Kooperationen (Public Private Partnerships) angewiesen (vgl. SELLE, 2005, S. 420 ff.). Da die Raumplanung ebenfalls Bestandteil des politisch-administrativen Systems ist, wirkt sich die Verwaltungsreform auch direkt auf diese aus (vgl. DANGSCHAT, 2004, S. 23).

Deregulierung und Verwaltungsmodernisierung

Governance Governance kann als Antwort des eben beschriebenen Prozesses der Deregulierung und Entstaatlichung gesehen werden. Governance bedeutet, „dass innerhalb der jeweiligen politisch-gesellschaftlichen Einheit Steuerung und Regelung nicht nur vom Staat ("Erster Sektor"), sondern auch von der Privatwirtschaft ("Zweiter Sektor") und vom "Dritten Sektor" (Vereine, Verbände, Interessensvertretungen) wahrgenommen wird" (WIKIPEDIA, 2007, Governance; vgl. ARL, 2005, S. 404 - 408). Diese Form des Regierens, wo kooperatives Handeln einer Vielzahl von Akteuren des öffentlichen und privaten Sektors koordiniert wird, wird künftig an Bedeutung gewinnen, denn das traditionelle, nach formalen Kompetenzen orientierte Aufgabenverständnis in der öffentlichen Verwaltung und Politik entspricht immer weniger den Anforderungen der Praxis. (vgl. ÖROK, 2002, S. 43 f., vgl. ARL, 2005, S. 404 f.). Ein Beispiel für ein derartiges netzwerkartiges Vorgehen ist das Standortmarketing des Kantons Zürich („Greater Zurich Area AG" - http://www.greaterzuricharea.ch), wo Behörden, Finanzinstitute, privatwirtschaftliche Unternehmen und Tourismusvertreter eine gemeinsame Initiative betreiben.

Österreich in Europa Die Rahmenbedingungen Österreichs haben sich durch den Beitritt zur Europäischen Union 1995 entscheidend verändert. Wesentliche Entscheidungen sind nunmehr mit den europäischen Partnern abzustimmen. Die Europäische Union hat zwar derzeit keine eigene rechtliche Kompetenz im Bereich der Raumplanung, nimmt jedoch durch zahlreiche strukturpolitische Maßnahmen und Förderinstrumente, aber auch durch Sektoralpolitiken wie Verkehrspolitik (Transeuropäisches Verkehrsnetz), Agrar- und Umweltpolitik (z.B. Natura 2000) erheblichen Einfluss auf die räumliche Entwicklung in den Mitgliedsstaaten. Im Europäischen Raumentwicklungskonzept (EUREK) 1999 wurden Grundsätze und raumentwicklungspolitische Leitbilder für eine europäische Raumentwicklung definiert, die jedoch für die Mitgliedsstaaten nicht bindend sind (vgl. ÖROK, 2002, S. 8 f., S. 22 - S. 26; FALUDI, 2006, S. 14).

Die Kompetenzfrage der Europäischen Union in raumplanerischen Angelegenheiten scheint allerdings noch nicht so eindeutig zu sein, wie oftmals angenommen wird. Die Kommission hat ihre Terminologie geändert. Anstatt von „Raumentwicklungspolitik" oder gar „Raumplanung", spricht sie jetzt vom „territorialen Zusammenhalt" (vgl. FALUDI, 2006, S. 16). In der Verfassung für Europa steht der „territoriale Zusammenhalt" gleichwertig neben wirtschaftlichem und sozialem Zusammenhalt (vgl. EUROPA.EU, 2006, Kapitel 3, Abschnitt 3). Bisher wurde Raumplanung (oder Raumentwicklungspolitik) aufgrund einer fehlenden Ermächtigung dafür in den europäischen Verträgen als mitgliedstaatliche Angelegenheit betrachtet. Nach Ratifizierung des Vertrags über eine Verfassung für Europa ist zu erwarten, dass raumentwicklungspolitische Agenden unter der Flagge des „territorialen Zusammenhalts", aber unter Führung der Kommission, weitergeführt werden. (vgl. FALUDI, 2006, S. 13 – 27)

Das GATS (General Agreement on Trade in Services) ist ein internationales, multilaterales Abkommen der Welthandelsorganisation (WTO) zur Liberalisierung des internationalen Austausches von Dienstleistungen. Das GATS besteht aus drei unterschiedlichen Vertragsteilen. Das Rahmenabkommen enthält grundlegende Verpflichtungen für alle Mitgliedsstaaten. Das GATS gilt aber nicht nur für den Handel mit Dienstleistungen, sondern auch für den Konsum von Dienstleistungen im Inland sowie die Erbringung von Dienstleistungen durch ausländische Investoren. Zu den wesentlichen Prinzipien des GATS gehören die Meistbegünstigung (es ist nicht möglich, Handelsvergünstigungen nur einzelnen Staaten zu gewähren), die Inländerbehandlung (Mitgliedsstaaten sind verpflichtet, ausländische Anbieter inländischen gleichzustellen, und staatliche Aufwendungen müssen auch privaten Anbietern zur Verfügung stehen) und die unmittelbare Anwendbarkeit auf allen Regierungsebenen („self executing") (vgl. BROCKHAUS, 2006, Band 10, GATS; vgl. POSPISCHILL, 2004).

GATS

Kritisch anzumerken ist, dass im Gegensatz zu industriellen Lobbygruppen wie dem European Services Forum (ESF) weder das jeweilige nationale Parlament noch die Zivilgesellschaft direkt in die Verhandlungen eingebunden und informiert sind. Diese sind geheim und ihre Ergebnisse werden in Abkommen festgeschrieben. Es ist mit irreversiblen Verträgen zu rechnen, die keinem politischen Meinungsbildungsprozess unterworfen waren. Es kann daher angenommen werden, dass das Abkommen enorme Auswirkungen auf den Dienstleistungssektor hat (vgl. WIKIPEDIA, 2007, Gats; vgl. POSPISCHILL, 2004).

1.2 Wohin steuert Raumplanung?

INNES, 1995, S. 185   „The linear, stepwise process, assumed by the model of instrumental rationality, where policymakers set goals and ask questions, and experts and planners answer them, simply did not apply."

Im Abschnitt 1.1 wurden gesellschaftlich-räumliche, wirtschaftliche und politisch-administrative Trends grob skizziert und deren räumliche Folgen und Auswirkungen auf die Raumplanung angedeutet. Fest steht, dass raumbezogene Planung in starker Interaktion mit den zuvor beschriebenen Trends steht und keine andere Wahl hat, als sich – so wie diese – weiter zu entwickeln. Ausgehend von diesen Rahmenbedingungen wird nun der Blick auf die Raumplanung gerichtet und die Frage gestellt, „wo steht und wohin steuert Raumplanung und wie kann und wird sie sich weiter entwickeln?" Klar ist, dass „Stillstand" wohl längerfristig zu einem erheblichen Bedeutungsverlust der Raumplanung führen würde.

Kompetenzverteilung in Österreich

In Österreich wird Raumplanung bzw. Raumordnung (im umfassenden Sinn) als Gesamtheit aller Maßnahmen der öffentlichen Gebietskörperschaften hoheitlicher und privatwirtschaftlicher Art verstanden (vgl. ÖROK, 2002, S. 155). Die grundlegenden Rahmenbedingungen der Raumplanung beruhen auf der Kompetenzverteilung zwischen Bund, Ländern und Gemeinden. Allerdings hat in Österreich der Bund – trotz massiver Einflussnahme auf die Raumstruktur in Sektoralbereichen – keine umfassende Raumplanungskompetenz. Es gibt kein Bundesraumplanungsgesetz, wie dies beispielsweise in Deutschland der Fall ist. Die Österreichische Raumordnungskonferenz (ÖROK), die eine von Bund, Ländern und Gemeinden getragene Einrichtung zur Koordination der Raumordnung auf gesamtstaatlicher Ebene ist, hat nur empfehlenden Charakter. (vgl. HIERZEGGER, 2003, S. 15)

Mit Erkenntnis vom 23. Juni 1954 stellt der Verfassungsgerichtshof (VfSlg. 2674/1954) fest: „die planmäßige und vorausschauende Gesamtgestaltung eines bestimmten Gebietes in bezug auf seine Verbauung, ... einerseits und für die Erhaltung von im wesentlichen unbebauten Flächen andererseits („Landesplanung" – „Raumordnung"), ist ... in Gesetzgebung und Vollziehung insoweit Landessache, als nicht etwa einzelne Maßnahmen ... der Gesetzgebung oder auch der Vollziehung des Bundes ausdrücklich vorbehalten sind." Somit gibt es im Gegensatz zu anderen Staaten in Österreich keine „Rahmenkompetenz" des Bundes. Die Länder werden aufgrund der umfassenden

Planungsbefugnis nach der Generalklausel des Bundesverfassungsgesetzes (B-VG) tätig. Landesgesetze bilden die gesetzlichen Grundlagen für die überörtliche und örtliche Raumplanung. Die Vollziehung der örtlichen Raumplanung fällt in den eigenen Wirkungsbereich der Gemeinden. (vgl. ÖROK, 2005B, S. 3)

So kommt es, dass es in Österreich in jedem Bundesland unterschiedliche Raumordnungs- bzw. -planungsgesetze mit individuellen Regelungen, Begriffen und Plandarstellungen gibt. Dies führt nicht nur zu ungerechtfertigten Qualitätsunterschieden, sondern auch zu Kooperations- und Umsetzungsschwierigkeiten. HANNES MRAZ von der Wirtschaftskammer Österreich hat es bei der Tagung „Stadtplanung aktuell - die Attraktivität der Peripherie" des Fachbereichs Örtliche Raumplanung der TU Wien am 8. Mai 2006 auf den Punkt gebracht: „Der Bürgermeister von New York regiert etwa über so viele Einwohner wie der Bundeskanzler in Österreich und wir leisten uns neun verschiedene Raumordnungsgesetze."

Neun unterschiedliche Gesetze

Aufbauend auf diesem gesetzlichen Grundgerüst wird Raumplanung in Österreich vollzogen.

Mit der eingangs gestellten Frage „wohin steuert die Raumplanung" befassten sich auch drei Arbeitsgruppen bei einer ARL-Tagung[7] 2001. Besonders interessant an dieser Fragestellung scheinen die Ergebnisse der Arbeitsgruppe „RegionalplanerIn 2030", die sich mit dem zukünftigen Anforderungsprofil, dem Aufgabenspektrum und den Organisationsstrukturen der PlanerInnen befasste (vgl. ARL, 2001, S. 33 - 36). Im Folgenden finden sich in Anlehnung an den Ergebnisbericht der Arbeitsgruppe Punkte aufgezählt, die auf die Raumplanung zutreffen könnten:

Raumplanung 2030

Der Aufgabenkatalog von RaumplanerInnen wird veränderte Schwerpunktsetzungen erfahren. Wichtig wären demnach vermehrt:

Geänderter Aufgabenkatalog

- **Koordination** mit der Notwendigkeit überfachlicher und überörtlicher Kooperation;
- **Prozessorientierung** bei Planung und Umsetzung anstelle einer statisch ausgerichteten Planung;
- **Aushandeln von Entscheidungen** aufgrund verstärkter Beteiligung der interessierten Öffentlichkeit sowie von Bürgerinitiativen und nichtstaatlichen Organisationen (NGOs) vor allem bei Großprojekten;

---

[7] ARL = Akademie für Raumforschung und Landesplanung

- **Bestandsentwicklung** und Steuerung von Schrumpfungsprozessen statt Wachstumssteuerung („Reparaturplaner");
- **Konzentration** der planerischen Bemühungen auf Entwicklungsschwerpunkte zu Lasten einer gleichrangigen Aufmerksamkeit für die gesamträumliche Entwicklung bei gleichzeitiger Sicherung der Versorgung der peripheren Räume (vgl. ARL, 2001, S. 6);
- Leistungen im Bereich des **Regionalmarketings** und der Beratung von Investoren;
- Entwicklung in Richtung einer Umweltplanung und stärkere Berücksichtigung von **Nachhaltigkeitsaspekten**;
- **Komplexitätsbewältigung** und zielgruppengerechte Aufbereitung der Informationen sowie entscheidungserleichternder Vorbereitung der Raumdaten;
- zunehmende Konfrontation mit **Managementfragen** in der räumlichen Planung (vgl. SPANNOWAKY, 2001, S. 166);
- Berücksichtigung der **Wirtschaftlichkeit** von Maßnahmen und wettbewerbsorientierte Ausrichtung von Planungen;
- Eventinszenierung zur **Vermarktung** von Städten („Festivalisierung");
- Zunahme von anlassbezogener **Einzelprojektplanung** und Infragestellung von hoheitlicher Planung; Verzicht auf eine längerfristige, strategische Entwicklung (vgl. ÖROK, 2005B, S.4).

Organisatorische Veränderungen

Im administrativ-organisatorischen Bereich geht die Arbeitsgruppe von einer Vereinfachung der Strukturen aus:

- Reduktion der Regelungsdichte und beschleunigte Verfahren durch **Verwaltungsmodernisierung** und **Deregulierung**;
- Vereinheitlichung bzw. Anpassung der **Landesraumordnungsgesetze**;
- Stärkung der **regionalen Ebene** und Verlagerung von Planungs- und Entwicklungsaufgaben hin zu regional-kooperativen Zusammenschlüssen;
- zunehmender Widerstand gegen Planung von „oben" aufgrund **gesellschaftlicher Veränderungen** (vgl. ÖROK, 2002, S. 155)
- vermehrte **grenzüberschreitende Kooperationsformen** wie z.B. gemeinsames Gewerbegebiet (vgl. ARL, 2001, S. 5);
- vermehrtes kooperatives Zusammenwirken von Hoheitsträgern mit privaten Wirtschaftssubjekten (**Public Private Partnerships**) zur Finanzierung und Erfüllung von staatlichen Aufgaben sowie zur Finanzierung von infrastrukturellen Einrichtungen (vgl. SELLE, 2005, S. 122).

Auch die Instrumente und das Equipment werden sich ändern. Vorstellbar wären u.a. folgende Veränderungen:

Geänderte Planungsinstrumente

- die **Nutzung neuer Medien** – vor allem des Internets – zur Verbreitung von Plänen und Planungsinformationen;
- Vereinfachung der Pläne und der Texte sowie bessere **Visualisierung** (z.B. 3D-Projektion) des Plans (vgl. ARL, 2001, S. 16, S. 59);
- Fortentwicklung der **GIS-Systeme** und flächendeckende Datenbestände;
- verbesserte **mediale Ausstattung** der PlanerInnen und der BürgerInnen;
- Bürgerbeteiligung und Diskurs über **internetgestützte Kommunikationsangebote** (Foren, Workgroups etc.);
- Bedeutungsgewinn der kooperativen, prozessualen Instrumente mit Hinblick auf **Prozessgestaltung**, Kommunikations- und Kooperationsformen (vgl. SELLE, 2005, S. 122).

1.3 Neue Aufgaben und Herausforderungen für RaumplanerInnen

„Planen heißt Brücken schlagen von der Gegenwart in die Zukunft. Planen heißt Wege aufzeigen für zukünftige Entwicklungen. Wenn wir jedoch mit den Bausteinen der Vergangenheit die Zukunft bauen, wird die Zukunft gleich aussehen wie die Gegenwart. Nur werden dann die Probleme noch größer sein."

DIETIKER, J., in: SELLE, 1996B, S. 190

In Kapitel 1.2 wurde eine mögliche Zukunft der Raumplanung skizziert und bereits die Auswirkung der veränderten Rahmenbedingungen auf die Disziplin der Raumplanung angedacht. In Kapitel 1.3 wird dieses Bild nun konkretisiert und der Blick auf die PlanerInnen, ihre Ausbildung, ihre Fähigkeiten und Instrumente gerichtet. Was ist konkret zu tun, um die Aufgaben und Herausforderungen der Zukunft zu bewältigen? – eine schwierige Frage, die im Rahmen dieser Arbeit nur angerissen werden kann, aber deren Antwortversuche vielleicht zum Diskurs anregen und so einen Beitrag zur Weiterentwicklung der Disziplin darstellen.

„Raumrelevante Themen und Problemlagen bedürfen zunehmend der öffentlichen Aufbereitung, um in das Bewusstsein der Bürger bzw. der Entscheidungsträger zu dringen" (ÖROK, 2002, S. 155). Ohne diese öffentliche Diskussion fehlt es an Akzeptanz, wodurch die Konzepte nicht wirksam werden können. Zudem werden Form und Ziele der Interessensartikulation immer vielfältiger. Das bedeutet, dass Planung mit einer größeren Bandbreite an Zielen der territorialen Entwicklung konfrontiert ist und ihr Maßnahmen- und Instru-

Offene Planung in Netzwerken

mentenbündel ebenso weit fächern muss, wie das Set an Kommunikations- und Vermittlungsformen. So genannte „soft skills", insbesondere die kommunikativen, gewinnen für PlanerInnen an Bedeutung. (vgl. DANGSCHAT, 2005, S. 21)

„Offen" gestaltete Planungsprozesse sind nach SELLE solche, in denen Problemverständnis und mögliche Problemlösungen gemeinsam mit dem Betroffenen entwickelt werden. Weder das Ergebnis noch der Weg dahin liegen von vornherein fest. Offene Planung ist eine „notwendige Konsequenz nicht-hierarchischer Beziehungen zwischen „selbst-aktiven" Akteuren: keiner der Beteiligten hat hier alleinige Definitionsmacht. Die Entscheidungsverläufe, die in solchen Strukturen entstehen, sind nicht mehr linear, sondern eher „lateral", in einer „Zick-Zack-Bewegung" die verschiedenen Handlungsstränge der Akteure untereinander verbindend." (SELLE, 1996A, S. 72)

Als Beispiel für eine Entwicklung zur „offenen" Planung seien Stadtforen genannt: Ein Stadtforum ist „die Ebene, auf der die verschiedenen „Eigner" von Potentialen (im materiellen wie intellektuellen Sinn) einander begegnen und sich im Dialog zu einem gemeinsamen Leitziel und einem abgestimmten Handeln zusammenfinden können." (FASSBINDER, 1996, S. 150)

Vgl. auch Kapitel 2.1 „Kommunizieren statt planen?"

Ehrlichkeit   Für das Ansehen der Raumplanung als ernstzunehmende Disziplin wird es von Bedeutung sein, ehrlich zu sein. Ehrlich gegenüber sich selbst, gegenüber dem Auftraggeber und gegenüber dem Bürger. Warum? Raumplanerische Konzepte und Programme sind oftmals vollgefüllt mit utopischen Zielen und schönen Versprechungen, die in der Realität nie eintreten können. Nicht, dass Optimismus fehl am Platz wäre, aber wenn die angestrebte Umfahrungsstraße oder die Errichtung eines Shopping-Centers gleichzeitig eine Verkehrsentlastung, eine Verbesserung der Arbeitsplatzsituation samt positiver Wirkung auf die Umwelt und Ressourcenschonung usw. mit sich bringen soll, ist das zu weit gegriffen. Die Folgen: Dementsprechend groß ist die Erwartungshaltung der Betroffenen an Maßnahmen wie z.B. die erwähnte „Entlastungsstraße" und klarerweise genauso groß die Enttäuschung, wenn die schönen Prophezeiungen nicht eintreten. Schuld an derartigen „Fehlplanungen" sind bekanntlich die Fachleute, die anscheinend den Trend falsch eingeschätzt oder von falschen Annahmen ausgegangen sind, und nicht die Politiker oder die Projektwerber (siehe Abb. 3). Kein Wunder also, dass von Laien Aussagen wie „Raumplaner verschandeln die Städte" (vgl. Vorwort) gemacht werden.

Abb. 3
Der Planer zwischen
Ziel und Wirklichkeit

"Für Planerinnen und Planer ist diese Situation verhängnisvoll. Sie müssen Ziele anstreben, die sie nicht erreichen können, weil die gesellschaftliche Basis dafür fehlt. Im Spannungsfeld zwischen Notwendigem und Möglichem hängen sie in der Luft."

Quelle: DIETIKER, J., in: SELLE, 1996B, S. 192

Ehrlich zu sein bedeutet also, den Realitäten ins Auge zu sehen und nicht rosige Versprechungen und Wunder zu verkünden, die niemals eintreffen werden. Werthaltungen sowie Interessen sind offen zu legen und negative Aspekte sind genauso zu benennen wie positive. Ehrlich zu sein bedeutet aber auch, die Grenzen und Unsicherheiten der planerischen Methoden aufzuzeigen und keine Scheingenauigkeiten oder Sicherheiten zu versprechen.

Vereinfachung und Konzentration auf das Wesentliche

Dem schier unendlichen Angebot an Information, das die Informationsgesellschaft für den Menschen bereithält und den Unmengen an Daten, die verarbeitet werden wollen, folgt ein tiefes Bedürfnis nach Einfachheit und Überschaubarkeit. Titel wie „Simplify Your Life" oder „Simplify Your Business" sind ganz oben in den Bestsellerlisten und Ausdruck einer Sehnsucht nach verständlicheren, klareren Regelungen und Ausdrucksweisen. Was im World Wide Web (WWW) schon längst gang und gebe ist, muss sich im Alltag der Verwaltung und Bürokratie erst durchsetzen. (vgl. KUHLEN, 2005, S. 83)

Es wird also eine Herausforderung für die RaumplanerInnen sein, die Komplexität der Regelungsdichte auf ein sinnvolles Maß zu minimieren, einfache Rahmenbedingungen klar zu kommunizieren und Details in kommunikativen Prozessen mit den betroffenen Akteuren auszuhandeln. Dieser Bedarf an klarer Sprache gilt jedoch keinesfalls nur für textliche Dokumente. Auch Pläne und Prozesse – ja sogar Ortstafeln – müssen reduzierter werden.

So erklärt der Wiener Stadtrat für Stadtentwicklung und Verkehr RUDOLF SCHICKER: "In einer gemeinsamen Aktion werden ARBÖ, ÖAMTC, KfV und die VerkehrsexpertInnen der Stadt Wien den Schilderwald lichten" und kündigt den Abbau überflüssiger Verkehrsschilder in Wien und Bestrebungen der Vereinfachung der StVO an. In Holland will man beispielsweise bei einem Pilotprojekt gleich ganz ohne Verkehrszeichen auskommen. (RATHAUSKORRESPONDENZ WIEN, 2006)

Allerdings sei dem Simplifizierungstrend entgegen gehalten, dass bereits in der Vergangenheit das Bedürfnis nach Einfachheit Grund vieler Erfindungen war (z.B. Buchdruck etc.) ohne paradoxerweise je eine Reduktion der Komplexität bewirkt zu haben.

Regionalisierung und grenzüberschreitende Zusammenarbeit

„Sobald man auf eine „neue" Grenze stößt, mit anderen Partnern mit anderem kulturellen Hintergrund auf beiden Seiten, gibt es wieder keine Spielregeln und Rezepte mehr, sondern nur mehr Grundsätze für mögliche Strategien. Jede „neue" Grenze wird damit zur neuen Herausforderung. Und damit zur persönlichen Herausforderung besonderer Art an den, der eine solche Aufgabe übernimmt. Die Herausforderung, sich auf Unbekanntes, „Fremdes" einzulassen. Denn wahrscheinlich geht es immer darum, die Grenzen in sich selbst zu überschreiten."
SCHIMAK, 2003, S. 189

Eine weitere Herausforderung für die Raumplanung und somit auch für die RaumplanerInnen, aber auch für die Politik ist der Sprung vom „Kirchturmdenken" zur (gemeinde)grenzüberschreitenden, kleinregionalen Zusammenarbeit, um die regionale Strategiefähigkeit in Standortfragen zu erhöhen. War grenzüberschreitende Kooperation vor wenigen Jahrzehnten eher die Ausnahme, so verlagert sich allmählich das Denken und Handeln – nicht zuletzt durch die Signale der EU – zusehends auf die regionale Ebene. Dennoch stellt das Überschreiten der „Grenze" eine Grundproblematik in der Raumplanung dar: Das Raumordnungsrecht regelt das Zusammenwirken der unterschiedlichen Planungsebenen und deren staatlicher Planungsträger und beschränkt sich üblicherweise auf den Staat. Dadurch wird die Zusammenarbeit auf zwischenstaatlicher Ebene erschwert (vgl. SCHIMAK, 2005, 7.1). Aus diesem Grund entwickelten sich zahlreiche informelle Instrumente, Partnerschaften und Netzwerke wie z.B. Kleinregionale Konzepte und Entwicklungsleitbilder, EUREGIOs, Regionalverbände und –vereine, Stadt-Umland-Partnerschaften, LEADER-Regionen, INTERREG-Projekte etc., die großteils erfolgreich angewendet werden.

In Zukunft wird es von Bedeutung sein, die regionale und grenzüberschreitende Zusammenarbeit mit den Nachbarstaaten und geeigneten institutionellen Strukturen (vgl. EUREGIOs) zu stärken. Dies wird auch zahlreichen, bisher peripher gelegenen Grenzgebieten Österreichs neue Entwicklungschancen bieten. (vgl. ÖROK, 2002, S. 47 f.)

Ebenso ist eine Weiterentwicklung kleinregionaler Konzepte zu einer offenen, auf Handlungsschwerpunkte konzentrierten, vielfach eher informell agierenden Planung gefordert, wobei umsetzungsorientierte Aktivitäten als Teil des Handlungsauftrages zu sehen sind. Nachdem sich die „Regionen" in Österreich mit keiner Gebietskörperschaft decken, ist somit auch keine politische Interessensvertretung institutionalisiert. Das bedeutet eine weitere Herausforderung, die politischen Gremien und Entscheidungsträger aller beteiligten

Gemeinden, ebenso wie sonstige Akteure, vom Beginn an einzubeziehen. (vgl. LINZER, 2001, S. 23 ff.)

„Der Gebrauch des Internets und des World Wide Webs wird hinkünftig zum Standard in der Informationsvermittlung gehören" (ÖROK, 2002, S. 155). Die Möglichkeiten zum Einsatz in der Planung und in Planungsprozessen sind enorm, müssen aber auch erkannt werden. Das setzt profunde Kenntnisse im Umgang damit voraus. Gerade in diesem Bereich macht es jedoch die Halbwertszeit des Wissens überaus schwierig, am Laufenden zu bleiben. Es braucht deshalb künftig vermehrt ausgebildete Fachleute, die Ahnung von den Anforderungen kommunikativ-orientierter Planungsprozesse haben. Gleichzeitig müssen diese aber auch die Möglichkeiten neuer Medien kennen, um sie gezielt zur Bewältigung derart komplexer Aufgaben einsetzen zu können (vgl. ARL, 2001, S.60).

Kenntnisse im Umgang mit neuen Medien

Heute weiß die Bevölkerung meist besser über das Ergebnis der amerikanischen Football-Liga Bescheid, als über den Bau einer Umfahrungsstraße in der Gemeinde. Seitens der Raumplanung gilt es, verstärkt mediale Kanäle zu nutzen und die Zusammenarbeit mit den Medien zu forcieren. Dabei ist an die Einrichtung von Presseinformationsstellen, an den Ausbau der Beratungsstellen etc. zu denken (vgl. ÖROK, 2002, S. 155). Gleichzeitig muss die zu vermittelnde Information auch entsprechend aufbereitet werden – bloße Zahlen und trockene Fakten aus wissenschaftlich angehauchten Texten beeindrucken kaum. Professionalität ist angesichts des zunehmenden Informationsüberflusses und dem damit einhergehenden Ringen nach Aufmerksamkeit ein Muss.

Mediale Aufbereitung

Ein kritisch-zukunftsorientierter Diskurs über die eigene Disziplin stellt eine wichtige Voraussetzung für die Weiterentwicklung des Fachgebietes dar. Eine detaillierte Abhandlung zu diesem Thema findet sich unter Punkt 2.2 „Kommunikation auf der fachlichen Ebene".

Diskussion über das Fachgebiet selbst

Zusammenfassend lässt sich festhalten, dass die Individualisierung der Gesellschaft in eine Vielzahl unterschiedlicher, selbständiger Einzelsysteme sich auch in der Raumplanung bemerkbar macht. Durch sozio-ökonomische, sozio-kulturelle und sozio-demographische Ungleichheiten nimmt die residenzielle Segregation[8] und insbesondere die räumliche Konzentration sozialer Gruppen

Schlussfolgerungen

---

[8] wohnräumliche Entmischung von Personen(gruppen) mit bestimmten Merkmalen (z.B. Einkommen, Ethnizität, Religion, Bildungs- und Einkommensniveau) mit der Gefahr der Herausbildung von konfliktreichen Teilgesellschaften.

deutlich zu (vgl. DANGSCHAT, 2005, S. 21). Mit der zunehmenden Ausdifferenzierung der Gesellschaft nimmt auch die Menge an zu berücksichtigender Information bei Planungsentscheidungen durch eine Vielzahl von kontroversen Interessen und Problemsichten zu (siehe z.B. Abb. 4). Viele Akteure sind auch nicht mehr bereit, einseitig gefällte Planungsentscheidungen ohne Widerstand hinzunehmen (vgl. SELLE, 1996A, S. 61 - S. 64; MÄRKER, 2005, S. 2; ÖROK, 2002, S. 154 - 163).

Zur Bewältigung von Planungsaufgaben, die durch eine Akteursvielfalt gekennzeichnet ist, ist eine effiziente und verstärkte Kommunikation erforderlich. Neben einer fachlich-technischen Lösung der Planungsaufgabe ist auch das Erreichen von Akzeptanz der Maßnahmen das Ziel. Es wird zunehmend schwierig, Planung von „oben nach unten" durchzusetzen. Politik und Verwaltung reagieren darauf mit der Erweiterung von Entscheidungsspielräumen im Kleinen und mit dem Schritt von der verbindlichen zur unverbindlichen Planung, gepaart mit der wachsenden Einbeziehung der betroffenen Akteure in den Planungsprozess (vgl. ÖROK, 2002, S. 155). Der Zusammenschluss zu formellen oder informellen Netzwerken ist dabei auch eine Möglichkeit, den starren Organisationsstrukturen der Verwaltung zu entfliehen und bürokratische Hürden zu überwinden.

**Abb. 4
Beispiel für
Akteursvielfalt in der
nördlichen Innenstadt
von Dortmund**

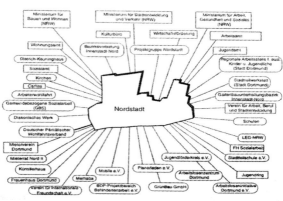

Quelle: STAUBACH, 1994

Im Mittelpunkt der zukünftig planungsrelevanten Aspekte stehen weniger substanzielle Aspekte der Raumplanung, also die Gegenstandsbereiche der Planung wie Landschaft, Verkehr, Siedlung usw., sondern mehr prozessuale Aspekte der Planung. Reagiert wird auf die neue Praxis durch informelle[9] und kooperative Verfahrensmodelle. Diese Formen der Partizipation setzen auf partnerschaftlichen Dialog mit BürgerInnen, um Interessen auszuloten und Konflikte zu entschärfen. Beispiele hierfür sind Runde Tische, Foren, Planungszellen, Zukunftswerkstätten oder Mediations- und Moderationsverfahren. (vgl. MÄRKER, 2005, S. 2 f.; ÖROK, 2002, S. 154 - 163).

Neue Medien, besonders das Internet und Formen der Visualisierung von Planungen nehmen bei der Partizipation von BürgerInnen einen großen Stellenwert ein. Dabei wird jedoch darauf zu achten sein, dass es zu keiner Dominanz der Technik gegenüber Inhalten kommt und eine sinnvolle und zweckmäßige – nicht maximal mögliche – Verwendung von technischen Mitteln die Planung nach wie vor effektiv und effizient sein lässt.

---

[9] Informelles Verfahren = gesetzlich nicht vorgeschriebenes Verfahren.

2. Raumplanung braucht Kommunikation

Die Entfaltungsmöglichkeiten der Menschen sind entscheidend von Standortvoraussetzungen abhängig. Der Lebensraum bestimmt seit jeher das Leben derer, die in ihm wohnen und Raumplanung trägt zu seiner Gestaltung bei. Doch Raumplanung ist ein ziemlich unbekannter – vielleicht auch unbeliebter – Begriff. Obwohl jede/r BürgerIn mit Raumplanung konfrontiert ist, hat Raumplanung für sie/ihn eher etwas mit Küchenplanung zu tun. Raumplanung ist kaum Thema in den Medien und auch nicht an den Stammtischen im Wirtshaus. Raumplanung entscheidet keine Wahlen. Raumplanung ist wie ein kleines Dorf in einer peripher gelegenen Region:

„Kaum jemand kennt das Dorf namens „Raumplanung". Es liegt abseits vom großen Geschehen und sein Name verklingt im Lärm der Großstadt. Jene, die schon mal in „Raumplanung" zu Besuch waren, wissen die Vorzüge des Dorfes zu schätzen. Sie wissen, dass der Ort eine wichtige Ausgleichsfunktion zur City hat. Denn „Raumplanung" wirkt regulierend im Kräftespiel der Großen. Leider teilt auch „Raumplanung" das Schicksal vieler ländlicher Gemeinden. Die Kaufkraft der ansässigen Bevölkerung fließt schon lange nicht mehr in den Ort, und die einst so herbeigesehnte Autobahn, die „Raumplanung" an die Großstadt anbinden wollte, trägt ihr Übriges dazu bei. Das kulturelle Leben und die Brauchtümer, die fest in der Dorfgemeinschaft verankert waren, geraten in Vergessenheit. Selbst der Dorfwirt klagt über mangelnde Kundschaft. Hätte er nicht auch den kleinen Nahversorgungsladen und die Postannahmestelle integriert, würde er auch in einer anderen Stadt einer – vielleicht besser bezahlten – Beschäftigung nachgehen. Also muss etwas getan werden, sonst droht „Raumplanung" ein einsames Dorf ohne Perspektiven zu werden".

Zum Glück ist die Situation der Disziplin Raumplanung nicht so pessimistisch wie einleitend im fiktiven Ort namens „Raumplanung" skizziert. Raumplanung ist rechtlich[10] verankert und auch etabliert. Dennoch gibt es Tendenzen, die einen durchaus skeptisch in die Zukunft der Raumplanung blicken lassen. Angefangen von ganz allgemeinen Liberalisierungs- und Deregulierungstendenzen in der Verwaltung bis hin zu Aussagen von Standesgenossen scheinen manche der Raumplanung den Kampf anzusagen. So rühmt sich beispielsweise der Architekt und vormalige Dekan der Architekturfakultät der Eidgenössischen Technischen Hochschule (ETH) Zürich, Dietmar Eberle, das Institut für Orts-, Regional- und Landesplanung (ORL-Institut) abgeschafft zu haben und legt auch der Raum-

---

[10] Siehe Kapitel 1.2

planung in Österreich die Selbstauflösung nahe (vgl. EBERLE, 2006). Es scheint einen gravierenden Mangel an Aufklärung und Information zu geben, wenn DIETMAR EBERLE in seinem Plädoyer gegen die Raumplanung argumentiert, dass „Flächenwidmungspläne, Bebauungspläne, entsprechende administrative Verfahren, Rechtsgrundlagen in der Realität keine wesentliche Wirkung zeigen, sondern im Gegenteil sogar wesentlich kontraproduktiv sind" (ders.).

Es scheint an positiver Kommunikation über die Erfolge von Planungsmaßnahmen und der genannten administrativen Verfahren und Rechtsgrundlagen von Raumplanung zu mangeln. Es scheinen die Stärken und Ziele von Planungen und deren Maßnahmen nicht klar genug formuliert, damit diese auch außerhalb fachlicher Kreise verstanden werden.

Man muss oben beschriebene Tendenzen gegen die Raumplanung auch selbstkritisch betrachten und die Stimmen der Gegner und Skeptiker ernst nehmen. Vielleicht ist es an der Zeit für Veränderungen. Vielleicht haben sich die in Kapitel 1 beschriebenen Rahmenbedingungen schon derart verändert, dass eine Weiterentwicklung der Instrumente und Verfahren bereits nötig gewesen wäre.

Seit dem „communicative turn in planning theory" (HEALEY, 1992) wird Planung verstärkt als ein kommunikativer Prozess und weniger als rein technische Tätigkeit verstanden. Allerdings scheint es nach wie vor noch zahlreiche Ressentiments gegen einen verstärkten Einfluss der kooperativ-kommunikativen Aspekte in der praktischen Planung zu geben. Die Angst, der „perfekte" Plan könnte auf Ablehnung und Widerstand stoßen, ist immer noch enorm. Es fehlt an der Kommunikation von erfolgreichen, positiven Beispielen von „Collaborative planning" (HEALEY, 2006) in die Öffentlichkeit. Gleichzeitig fehlt es aber auch an Kommunikation innerhalb der Fachwelt selbst.

„Planungswelt", „Alltagswelt"

Um diese zwei Ebenen der Kommunikation (Öffentlichkeit, Fachwelt) zu verdeutlichen, scheint ein kurzer Exkurs in das Grundschema „Planung" von SCHÖNWANDT (1999, S. 25 – 35; 2000, S. 3 – 31) zweckmäßig. In seiner nachstehend kurz beschriebenen Planungstheorie der „dritten Generation" leitet SCHÖNWANDT aus dem Funktionskreis von UEXKÜLL (1973, S. 158) ein „Grundschema für die Planung" ab (siehe Abb. 5).

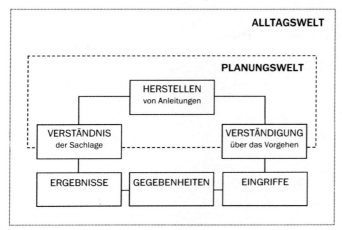

Abb. 5
„Grundschema Planung"

Quelle: eigene Darstellung nach SCHÖNWANDT, 1999, S. 28

In diesem Planungsmodell ist von zwei „Welten" die Rede, wobei die „Planungswelt" in die „Alltagswelt" eingebettet ist. Die „Planungswelt" ist jener Bereich, in dem die Pläne bzw. Anleitungen erarbeitet werden. Es sind in der Regel mehrere Akteure (der Planungswelt) beteiligt, die in bestimmten Organisationen und Kooperationsformen agieren. Die „Alltagswelt" bildet den Hintergrund für die Arbeiten der „Planungswelt" und beinhaltet alles, was die Planungswelt umgibt. „Planende Akteure", die in der Regel in bestimmten Organisationen agieren, bilden mit ihrer jeweiligen Gedankenwelt (Methoden, Begriffe, Theorien, Weltsichten etc.) eine „Planungswelt", die im Kontext einer „Alltagswelt" arbeitet, in der eine bestimmte Agenda von Themen von den Akteuren einer Arena[11] behandelt wird. Beide „Welten stehen auf bestimmte Art und Weise in ständigem Austausch" (SCHÖNWANDT, 1999, S. 33).

Das Planungsmodell von SCHÖNWANDT beschreibt darüber hinaus Planung als offenen Zyklus durch diese beiden „Welten": „Ein bestimmtes „Verständnis einer Sachlage" ist die wesentliche Grundlage für die „Herstellung von Anleitungen". Diese Anleitungen wiederum sind die Basis für die „Verständigung über das Vorgehen". Das Resultat dieser Verständigung führt zu den jeweiligen „Eingriffen", die in bestimmte „Gegebenheiten" eingreifen und bestimmte „Ergebnisse" bewirken. Die Interpretation dieser Ergebnisse führt dann zu einem neuen „Verständnis der Sachlage" und so weiter" (SCHÖNWANDT, 1999, S. 30).

---

[11] Alle Akteure zusammen (Bürger, Behörden, Firmen, Interessensverbände, Planer etc.) werden als Arena bezeichnet.

Diesem Grundschema von SCHÖNWANDT folgend, wird zunächst in Kapitel 2.1 die Frage gestellt, wie eine kooperative, an Beteiligung orientierte Planung aussehen könnte. Dazu werden drei prozessorientierte Planungsansätze näher betrachtet und Anforderungen an die Planungspraxis abgeleitet. Stellt Kapitel 2.1 die Kommunikation der Akteure der „Planungswelt" mit Akteuren der „Alltagswelt" in den Vordergrund, wird in Kapitel 2.2 auf die Kommunikation auf der fachlichen Ebene („Planungswelt") eingegangen. Kapitel 2.3 ist den neuen Medien, insb. den Möglichkeiten des Internets als unterstützendes Instrument einer zukünftigen Raumplanung, gewidmet.

2.1 Kommunizieren statt planen?

In diesem Abschnitt werden im Hinblick auf die Kommunikation mit betroffenen Akteuren der „Alltagswelt" drei prozessorientierte Planungsmodelle betrachtet, die von einer kommunikativen Strategie zur Lösung von Planungsfragen ausgehen:

- das „kooperative Planungsmodell" von SELLE
- das „kommunikative Planungsmodell" von FORESTER
- das „argumentative Planungsmodell" von RITTEL

Im Anschluss daran werden die wesentlichen Kernaussagen der drei Modelle verglichen und Anforderungen an eine kommunikativ orientierte Planungspraxis abgeleitet.

2.1.1 Das kooperative Planungsmodell von SELLE[12]

SELLE richtet seinen Ansatz auf den Inkrementalismus[13] aus. Dabei handelt es sich um ein Problemlösungsmodell von BRAYBROOKE und LINDBLOM[14], das sie „Strategie der unkoordinierten kleinen Schritte" nennen und das auf die

---

[12] SELLE, K. (1996): Was ist bloß mit der Planung los? : Erkundungen auf dem Weg zum kooperativen Handeln : Ein Werkbuch, 2. durchgesehene Aufl., IRPUD, Dortmund.

[13] Der Inkrementalismus bezeichnet einen Politikstil zurückhaltenden Reformierens. Dieser ist gekennzeichnet durch eine stark an Versuch und Irrtum angelehnte Verfahrensweise. Um seine Ziele zu erreichen, wird der Inkrementalist Schritt für Schritt mögliche bestehende Strukturen ausbauen und verbessern (Technik der kleinen Schritte). Quelle: WIKIPEDIA, 2007, Inkrementalismus

[14] BRAYBROOKE, D.; LINDBLOM, C. (1972): Zur Strategie der unkoordinierten kleinen Schritte. In: FEHL/FESTER/KUHNERT (Hrsg.): Planung und Information, Gütersloh, S. 139-166.

„Sozialtechnik der kleinen Schritte" von POPPER[15] zurückgeht (vgl. SELLE, 1996A, S. 51 f.). Die Kernaussage dieses Modells ist, dass Probleme nicht durch umfassende Pläne gelöst werden können, weil in einer fragmentierten Gesellschaft Problemanalyse und Problembewertung sehr unterschiedlich ausfallen. Die Komplexität der realen Welt ermöglicht kein „generalisierbares Planungsinstrumentarium" und darum ist eine „offene", kooperative Arbeitsweise von Nöten. „Wer also räumliche Entwicklungen zielgerecht beeinflussen will, muß in sein Denken und Handeln stets auch die Überlegungen und Aktivitäten der anderen Beteiligten einbeziehen". (ders., S. 61 ff.)

Ort der Kooperation ist nach SELLE der „intermediäre Bereich" – die „Welt zwischen den Welten" oder nach FRIEDMANN der „öffentliche Raum" (siehe Abb. 6). (ders., S. 66 f.)

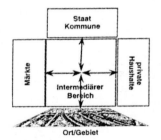 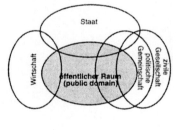

Abb. 6
Der intermediäre Bereich
(links: SELLE, rechts: nach FRIEDMANN in: SELLE (1996A))

Quelle: SELLE, 1996A, S. 69

SELLE schlägt weiters eine Verlagerung des Problemlösungs- und Entscheidungsprozesses aus dem „Binnenbereich des politisch-administrativen Systems in dessen Umfeld" vor. Dabei wird in einem „offenen" Prozess die Entscheidungsmacht aus der politisch-administrativen Sphäre in den intermediären Bereich verlagert. Sowohl das Ergebnis als auch der Weg zum Ergebnis sind offen und „keiner der Beteiligten hat hier alleinige Definitionsmacht". (ders. S. 71 f.)

---

[15] POPPER, Karl R. (1992): Die offene Gesellschaft und ihre Feinde. 7. Auflage, Tübingen:Mohr.

Tab. 1
Merkmale der Kooperation nach SELLE

Dimension	Merkmale	Gegenpol
1. Struktur	nicht-hierarchisch: Heterarchie, Netzwerke	hierarchisch
2. Beziehung	tauschförmig, auf Verhandlungen basierend, dialogisch	direktiv, monologisch
3. Form	vielfältig (vom Erfahrungsaustausch bis zur PPP)	eindeutig, vorgeschriebene Formen und Verfahren
4. Ortsbezug	vom Ort ausgehend, auf endogene Potentiale gerichtet	ortsunspezifisch, generalisiert
5. Ergebnisorientierung	handlungs-/ projektorientiert	auf die Erstellung eines Planes ausgerichtet
6. Aufgabenverständnis	pragmatisch-integrativ (Alltagsbezug)	technokratisch-segmentiert
7. Zielbezug	offen, multivalider Prozess	definiertes Ziel
8. Akteursbezug	teiloffen	abgeschottet
9. Kommunikationsprozess	auf gemeinsame Erörterung ausgerichtet	Folge von Abstimmungsschritten
10. Entscheidungsprozeß	konsensorientiert	einseitige Entscheidung
11. Planungs-, Handlungsverlauf	parallel, gleichzeitig	unilinear
12. Zeit (Veränderbarkeit)	dynamisch, instabil	stabil, dauerhaft, unflexibel

Quelle: geringfügig verändert nach SELLE, 1996A, S. 80

2.1.2 Das kommunikative Planungsmodell von FORESTER[16]

FORESTERS „Critical theory of planning practice" geht auf die Grundlage der „Theorie des kommunikativen Handelns" von HABERMAS zurück. Die Grundlage des Ansatzes besteht darin, dass FORESTER deduktiv vorgeht. Er entwickelt keine eigene Theorie, sondern überträgt eine vorhandene Gesellschaftstheorie auf die Planung. Der Punkt dabei ist, dass FORESTER planerisches Handeln als kommunikatives Handeln versteht und die Qualität der Kommunikation letztendlich entscheidend für die Qualität der Planung ist: PlanerInnen argumentieren, präsentieren Information, kommentieren, machen Vorschläge, warnen vor Entwicklungen, stimmen Projekten zu usw.. Solche "speech acts" (Sprechakte) sind die "Atome", die jeglichem bürokratischen, politischen und sozialen Handeln zugrunde liegen. (vgl. FORESTER, 1989, S. 142)

Für eine „unverzerrte" Kommunikation müssen weiters folgende Grundmerkmale für eine Aussage erfüllt sein: „Verständlichkeit", „Wahrhaftigkeit" oder „Aufrichtigkeit" (als Gegensatz zur Lüge oder Täuschung), „Richtigkeit" und

---

[16] FORESTER J., H. nach: MÄRKER, 2005, S. 41 – 43

„Wahrheit". Bei Verletzung dieser universalpragmatischen Normen können PlanerInnen oder andere Planungsbeteiligte Macht durch Verzerrung der Kommunikation ausüben. Tabelle 2 zeigt vier Grundtypen der Machtausübung (vgl. MÄRKER, 2005, S. 42):

Tab. 2
Ausüben von Macht durch Missachtung der universalpragmatischen Normen

Norm	Ausübung von Macht durch	Beispiel
Verständlichkeit	Mobilisierung einer nur ungleich zugänglichen Verständlichkeit oder Aufmerksamkeit	Verdecken von wichtigen Fragen bzw. Problemen durch Fachjargon oder durch Informationsüberflutung
Aufrichtigkeit	Manipulation von Vertrauen und Abhängigkeit	Hinzuziehen von angesehenen Personen, um Vertrauen zu gewinnen (unabhängig vom eigentlichen Thema)
Richtigkeit	Inanspruchnahme von Mythen, Vorrangpositionen, Tradition, Ideologie etc., um Handlungen zu legitimieren und Zustimmung zu erlangen	Delegieren eines (politischen) Problems an Experten, da es angeblich nur durch diese (als technisches Problem) gelöst werden kann
Wahrheit	Kontrolle über technische und faktische Information	Falschdarstellung von Kosten, Nutzen, Risiken einer Maßnahme beispielsweise durch Manipulation der Gewichtung

Quelle: eigene Darstellung nach: MÄRKER, 2005, S. 42

Folgende „communicative strategies" schlägt FORESTER für die Planungspraxis vor:
- Breiter Zugang zu Informationen für alle Beteiligten, um eine qualifizierte Partizipation zu ermöglichen;
- Förderung einer öffentlichen und transparenten politischen Partizipation aller Planungsbeteiligten durch Offenlegung der zugrunde gelegten institutionellen Regelwerke (Rechtsnormen, Entscheidungsbefugnisse, usw.);
- Verminderung des Risikos der Produktion ungleicher Ressourcenverteilungen durch Planungsmaßnahmen, insbesondere durch Aufmerksamkeit für die Bedürfnisse schwach oder nicht organisierter Interessen, Öffnung vieler Informationsquellen, sorgfältiges Zuhören, partizipatorische Entscheidungsfindung;
- Förderung von Koalitionen und Netzwerken, um Informationen zu erhalten und zu verbreiten;

- Ermutigung und Schulung lokaler Gruppen, Planalternativen und Informationen über geplante Projekte einzufordern (vgl. MÄRKER, 2005, S. 42 f.; vgl. STREICH, 2005, S. 149 ff.).

2.1.3 Das argumentative Planungsmodell von RITTEL[17]

RITTEL[18] sowie RITTEL und WEBBER[19] gehen bei der Entwicklung ihres Planungsmodells ebenfalls deduktiv, aber ohne Bezug zu einer Gesellschaftstheorie, vor. Ihrer Meinung nach haben Planungsprobleme besondere „bösartige Eigenschaften", welche es schwierig machen, mit ihnen umzugehen. Im Gegensatz zu „zahmen Problemen" entstehen bei „bösartigen Problemen" im Bereich der Planung folgende Schwierigkeiten (vgl. MÄRKER, 2005, S. 43 – 49):

- Erst im Suchprozess nach Lösungswegen beginnt man ein „bösartiges Problem" zu verstehen. „Bösartige Probleme" erlauben im Gegensatz zu „gutartigen Problemen" keine Trennung zwischen Problemstellung und Problemlösung.
- Da der Prozess des Problemlösens identisch ist mit dem der Problemformulierung, kann es auch keine Kriterien dafür geben, wann ein Raumplaner die Lösung gefunden hat bzw. ob alle Alternativen betrachtet wurden. Für „bösartige Probleme" gibt es theoretisch eine Unsumme an potenziellen Lösungen.
- Während es für „gutartige Probleme" im Allgemeinen objektive Kriterien der Beurteilung gibt (z.B.: ob eine mathematische Rechnung richtig oder falsch ist), gilt dies nicht für „bösartige Probleme". Es gibt kein Kriterium, anhand dessen die Lösung eines Planungsproblems als „richtig" oder „falsch" eingestuft werden kann. Eine vorgeschlagene Lösung kann lediglich nach persönlichen Vorlieben als „gut" oder „schlecht" eingestuft werden.
- Weiters hat jedes „bösartige Problem" auch die Eigenschaft, dass es als Symptom eines anderen Problems eingestuft werden kann. Das bedeutet, dass PlanerInnen nie sicher sein können, ein Planungsproblem auf der richtigen Ebene zu bearbeiten. So kann es passieren, dass nur Symptome kuriert werden, die von einem Problem auf höherer Ebene ausgehen[20].

---

[17] RITTEL, H. nach: MÄRKER, 2005, S. 43 – 49; vgl. STREICH, 2005, S. 55 ff.

[18] RITTEL, H. (1992): Planen, Entwerfen, Design, Kohlhammer, Stuttgart.

[19] RITTEL, H.; WEBBER, M. (1993): Dilemmas in a General Theory of Planning, Policy Science 4.

[20] Eine Ausbauentscheidung für eine Straße aufgrund regelmäßiger Staus könnte beispielsweise eine Lösung für ein Symptom sein, das auf ein Problem auf einer höheren Ebene zurückgeht. Die

- Hinzu kommt die Einzigartigkeit eines „bösartigen Problems". Das bedeutet, dass ein Planungsproblem trotz vieler Ähnlichkeiten mit einem vorangegangenen Problem immer mindestens eine zusätzliche unterschiedliche Eigenschaft von überragender Wichtigkeit aufweist.
- Jede ausgeführte Lösung ist unwiderruflich. D.h. man kann sich nicht durch Versuch und Irrtum an das Ergebnis korrigierend herantasten.
- Da jede Lösung eines Planungsproblems im Wesentlichen einzigartig ist, kann sie keiner Überprüfung im wissenschaftlichen Sinne ausgesetzt werden.

Auf Grundlage dieser „bösartigen Eigenschaften" formuliert RITTEL Kriterien, wie mit Planungsproblemen umzugehen ist (ders.):

- Möglichst viele und möglichst unterschiedliche Menschen müssen an einer Planung beteiligt sein. Dabei ist zu beachten, dass es keine ExpertInnen oder SpezialistInnen für „bösartige" Planungsprobleme gibt (mit Ausnahme von ExpertInnen für den Prozess zur Behandlung von „bösartigen" Planungsproblemen). Das meiste ExpertInnenwissen in Bezug auf die Auswirkungen einer Planung haben dabei diejenigen, die davon betroffen sind.
- Betroffene sind folglich in den Planungsprozess einzubinden.
- Da Planungsprobleme nicht auf Grundlage von wissenschaftlichen Erkenntnissen, sondern auf Grundlage von Urteilen gelöst werden können, spielt es eine besonders wichtige Rolle, wer den Planungsprozess durchführt. Jede Entscheidung ist das Resultat einer deontischen[21] Prämisse[22].
- Zur Lösung von Planungsproblemen müssen daher Methoden eingesetzt werden, die einen transparenten Planungsprozess und die Offenlegung deontischer Prämissen ermöglichen.

Ursache des Staus könnte z.B. auch die disperse (zerstreute) Siedlungsstruktur, die zu geringen Treibstoffpreise oder ein Mangel an ÖV-Angebot sein.

[21] zu griech. Déon „die Pflicht", „das Erforderliche" (BROCKHAUS, 2006, Band 6, deontische Logik)

[22] eine Aussage, aus der eine logische Schlussfolgerung gezogen wird

- Da Planung auf Entscheidungen und Urteilen beruht und daher nicht objektiv bzw. wissenschaftlich ist, kann es letztendlich auch keine ExpertInnen im klassischen Sinne geben, die ihre Entscheidungen durch mehr oder besseres Wissen legitimieren. Das bedeutet, jeder ist berechtigt seine Meinung zu einem Planungsentwurf zu äußern und niemand kann behaupten, dass (s)ein Urteil besser als ein anderes sei, da es keine Instrumente gibt, die eine objektive Urteilsbewertung erlauben. Planung muss also Methoden einsetzen, die den erfolgreichen Austausch von Meinungen und Informationen erlauben.

Der Weg zur Lösung von „bösartigen" Planungsproblemen muss also als „argumentativer" Prozess organisiert werden, wo alle Beteiligten Positionen formulieren und Argumente einbringen und diskutieren können.

2.1.4 Anforderungen an eine kommunikativ orientierte Planungspraxis

Trotz unterschiedlicher Ausgangspunkte der betrachteten Planungsmodelle weisen die von ihnen abgeleiteten Anforderungen an Verfahren für eine kommunikativ-orientierte Planungspraxis eine hohe Übereinstimmung auf (MÄRKER, 1999, S. 31 f.):

- Forderung nach umfassender, frühzeitiger, aktiver Einbindung möglichst vieler unterschiedlicher betroffener Akteure;
- Forderung der Gestaltung von Planung als offener Prozess;
- Forderung nach Verlagerung von Entscheidungsmacht in den intermediären Bereich (SELLE) und einer partizipatorischen (FORESTER) bzw. deliberativen[23] (SELLE) Entscheidungsfindung.

---

[23] durch aktive Mitwirkung der BürgerInnen geprägte Entscheidungsfindung (vgl. BROCKHAUS, 2006, Band 6, Deliberation)

	Das kooperative Modell (Selle)	Das kommunikative Modell (Forester)	Das argumentative Modell (Rittel)
Basiskriterien	Beteiligung von Akteuren aus selbstaktiven Feldern wie Markt und Gesellschaft Offenheit in Bezug auf Wege zu Lösungen und in Bezug auf Lösungen	Insbesondere schwache oder nicht organisierte Gruppen sind zu beteiligen Minimierung von Fachjargon	Möglichst frühzeitig möglichst viele Betroffene beteiligen Niemand hat Definitionsmacht (es gibt keine Experten) Gleichberechtigte Beteiligung unabhängig von Status und Titel
Gestaltungskriterien	Dialogischer Kommunikationsmodus Intermediärer Ort der Kommunikation Unterschiedliche Sichtweisen zusammenführen	Offenlegung vieler Informationsquellen Aktives Zuhören Bearbeitung von Konfliktsituationen Beurteilung der Interessen aller Beteiligten	Planung als iterativ-argumentativer Prozess Transparente Gestaltung des Planungsprozesses „Objektifizierung" – Offenlegung deontischer Prämissen
Zielkriterien	Initiierung von Lernprozessen Entwicklung einer gemeinsamen Problemsicht Verlagerung von Entscheidungsmacht in d. intermediären Bereich	Partizipatorische Entscheidungsfindung	Deliberatives Entscheiden

Tab. 3
Anforderungen an eine kommunikativ orientierte Planungspraxis[24]

Quelle: eigene Darstellung, geringfügig verändert nach MÄRKER, 2005, S. 50.

---

[24] Anmerkung von MÄRKER: „Die Einordnung der planungstheoretisch ermittelten Kriterien als Basis-, Gestaltungs- und Zielkriterien ist nicht immer eindeutig möglich, die Grenzen zwischen den Klassen sind fließend, sodass die Einordnung der Kriterien nach dem „Eher-Prinzip" („ist eher als") erfolgt ist."

2.1.5 Relativierung der kommunikativ-kooperativen Beteiligung

PAUL WATZLAWICK "*Ich weiß, du glaubst, dass du verstehst, was ich deiner Meinung nach sage, aber ich bin mir nicht sicher, ob du merkst, dass ich nicht meine, was du hörst.*"

Die eben beschriebenen Planungsmodelle zeigen einen theoretischen Rahmen zur Abwicklung eines Beteiligungsprozesses. In der praktischen Umsetzung sind jedoch mehr oder weniger suboptimale Bedingungen im Vergleich zur Theorie gegeben. Folgend sind einige Nachteile der Bürgerbeteiligung aufgelistet, mit denen Planungspraktiker konfrontiert sein können:

Kosten Planung mit BürgerInnen ist meist ein zeit- und damit auch kostenintensiver Prozess. Einerseits entsteht für die Abwicklung des Beteiligungsprozesses ein verstärkter Aufwand an Kommunikation, der entsprechender Aufbereitung bedarf, andererseits kann es zur Verzögerung (z.B. bei großer Meinungsvielfalt) bzw. Verhinderung der Planung kommen. Auch seitens der BürgerInnen wird die Mitarbeit oft beendet, wenn persönlich etwas zu leisten oder zu geben gefordert ist. (vgl. LINZER et al., 1994, S. 32 f.)

Informationsdefizite Viele Bürger wissen oft weder über Inhalt, Funktion und eventuelle Auswirkungen von Plänen (z.B. Flächenwidmungs- und Bebauungspläne) noch über ihr Recht zur Stellungnahme Bescheid, und dementsprechend ist das Interesse zur Beteiligung gering. Dem Bürger scheint seine Aktivität als nutzlos – insbesondere dann, wenn er nicht Recht bekommt. (dies.)

Doppelrolle für PlanerInnen Dem/der PlanerIn wird bei Bürgerbeteiligungsprozessen oftmals eine Doppelrolle abverlangt. Einerseits ist er für die Planung verantwortlich, andererseits auch für die Abwicklung des Beteiligungsprozesses. (dies.)

Umfassende Beteiligung Werden nicht alle sozialen Gruppen in Beteiligungsprozessen involviert, werden auch nicht alle Probleme und Sichtweisen erfasst, was wiederum zur Inakzeptanz der Lösung führen kann. Der Konsens ist dann personengebunden und instabil und findet oft keinen Rückhalt in der Gemeinde. Das entscheidungsrelevante Personal ist genauso einzubinden wie Randgruppen. (dies.; SELLE, 2005, S. 448)

Veränderte Politik Bürgerbeteiligung bedeutet nicht nur ein verändertes Planungsverständnis, sondern braucht auch ein verändertes Politikmodell bzw. eine veränderte politische Kultur auf lokaler Ebene. Es ist dazu notwendig, die Dominanz der Parteipolitik in den Hintergrund zu stellen und Regeln für das politische

Miteinander aufzustellen. Beim „Steinbacher Weg" waren beispielhaft folgende Regeln (vgl. Sieghartsleitner, 2004) für eine neue politische Kultur Ausgangspunkt zahlreicher positiver Veränderungen in der Gemeinde Steinbach an der Steyr in Oberösterreich:

- Erfolge werden unter den Fraktionen gemeinsam geteilt;
- ein rücksichtsvoller und toleranter Umgang miteinander wird gepflegt;
- Informationen sind für alle gleich zugänglich;
- „Patentschutz" der Ideen muss gewährleistet werden
- Vielfalt und Verschiedenheit der politischen Kräfte werden respektiert und sichergestellt.

Manche Personen sehen in der Mitarbeit bei Beteiligungsverfahren eine gute Möglichkeit, ihre eigenen, „egoistischen" Ziele zu verfolgen und sich dieselben von der Allgemeinheit verwirklichen zu lassen (vgl. Linzer et al., 1994, S. 33; Selle, 2005, S. 449). Dabei tritt eine Grundproblematik von Planung zum Vorschein, was einer etwas ausführlicheren Behandlung bedarf – nämlich die Tatsache, dass Planungsentscheidungen durch ungleiche Allokation der Mittel nicht wertneutral[25] sind. D.h. mit Planungsentscheidungen gehen zumeist, in der gängigen Praxis, „leistungsloser" Wertzuwachs und Wertminderungen (relativ oder absolut) einher. Zum Beispiel erhöht ein Infrastrukturknoten (z.B. U-Bahn-Haltestelle) den Grundstückswert der angrenzenden Liegenschaften beträchtlich. Es kommt also durch Investitionen der öffentlichen Hand zu Begünstigten (Gewinnern) und weniger Begünstigten (Verlierern), ohne dass darauf ein Planwertausgleich folgt. Unterstellt man ferner, dass Individuen eher dazu tendieren, den persönlichen Nutzen zu maximieren als altruistisch zu handeln, ist eine objektive, unbefangene Beteiligung von betroffenen Akteuren selten gegeben. Es kann vielmehr davon ausgegangen werden, dass höchst eigene Ziele und Interessen verfolgt werden.

Eigene Interessen

---

[25] im Sinne von Geldwert

Das, aus der Spieltheorie bekannte, Gefangenen-Dilemma[26] zeigt die Problematik auf, wie individuell rationale Entscheidungen zu kollektiv schlechteren Ergebnissen führen können: Die individuell vernünftigste Entscheidung und die kollektiv vernünftigste Entscheidung fallen dabei auseinander. Eine derartige Situation ist in Planungsfragen immer dann gegeben, wenn Nutzen und Kosten ungleich verteilt sind. Ein Beispiel aus der Planungspraxis wäre die Frage nach dem Bau eines Handels- und Gewerbegebietes an der Gemeindegrenze (siehe Abb. 7) oder die Finanzierung von nicht oder schlecht marktfähigen Einrichtungen und Leistungen, die jedoch gesellschaftlich erwünscht sind (z.B. die Erhaltung von Nebenbahnen des öffentlichen Verkehrs).

Abb. 7
Gefangenendilemma beim Bau eines Gewerbegebietes

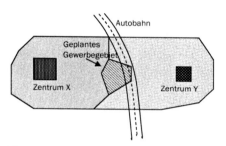

Lösungsmöglichkeiten aus Sicht der Raumplanung:
a) Bau auf Gemeindegebiet X: Kaufkraftabfluss beider Zentren, Gewinn Gemeinde X
b) Bau auf Gemeindegebiet Y: Kaufkraftabfluss beider Zentren, Gewinn Gemeinde Y
c) Bau auf Gemeindegebiet X und Y: Grenzübergreifende Kooperation, Kaufkraftabfluss beider Zentren, Gewinn beider Gemeinden
d) Kein Bau sondern Erweiterung in Zentrumsnähe: Stärkung beider Zentren

Quelle: eigene Darstellung

---

[26] Die gesellschaftliche Situation, die das Gefangenen-Dilemma abbildet, ist wie folgt definiert: Zwei (oder mehrere) Personen stehen vor einer unabhängig zu treffenden Entscheidung zwischen zwei Alternativen gleichen Inhalts. Die Entscheidung der einen Person beeinflusst jeweils das Ergebnis für die anderen Person(en). Jede Person besitzt eine feste Reihung der Bewertung der Ergebnisse – von dem individuell besten Ergebnis zu dem individuell schlechtesten und versucht das jeweils beste Ergebnis für sich zu erreichen. Die folgende Tabelle zeigt die Werte, die bei der jeweiligen Entscheidung erreicht werden:

	Alternative 1_B	Alternative 2_B
Alternative 1_A	1,1	-2,2
Alternative 2_A	2,-2	-1,-1

Wenn beide Personen (A u. B) sich für die Alternative 1 entscheiden, erhalten beide das Ergebnis 1 ausgezahlt. Entscheiden sich beide für die Alternative 2, erhalten sie einen Verlust von 1. Wählt die eine Person Alternative 1 und die andere Person Alternative 2 oder umgekehrt, entspricht das für die eine den Gewinn und für die andere den Verlust von 2. Wenn nun die Personen dazu tendieren, ihren Gewinn zu maximieren, ergibt sich zwangsläufig für beide Personen eine Bevorzugung der Alternative 2. Das Gefangenen-Dilemma zeigt aus der Aggregation der individuellen Entscheidungen, dass das gesellschaftlich beste Ergebnis (1_A u. 1_B) nicht gleich dem individuell besten Ergebnis ist. (vgl. MATZNER, 1982, S. 79ff.)

Noch Fragen

Nach dieser kritischen Betrachtung von Bürgerbeteiligung stellt sich schließlich die Frage, inwiefern diskursive Planungsmodelle zu einer Verbesserung der Planung und der Akzeptanz führen oder ob diese nur „leere Rituale" ohne tatsächlichen Nutzen darstellen. Eine weitere Frage, deren Antwort ebenso dem Leser überlassen bleibt, ist, inwieweit „neue" Modelle einer „offenen", partizipativen Planung gegenüber der ohnehin gesetzlich vorgeschriebenen Form der Bürgerbeteiligung (z.B. Grundstücksnachbarn, UVP, etc.) eine Qualitätssteigerung der Raumplanung zur Folge haben.

Fest steht jedoch, dass „offene", auf Beteiligung und Kommunikation ausgerichtete Verfahren in der Planungspraxis derzeit noch eher ablehnend betrachtet werden und daher nicht immer gewünscht und unterstützt werden.

2.2 Kommunikation auf der fachlichen Ebene

Wurde in Kapitel 2.1 auf die Beteiligung von unterschiedlichen Akteuren bei Planungsprozessen eingegangen, steht in diesem Kapitel die Kommunikation auf der fachlichen Ebene („Planungswelt"[27]) – zwischen Fachleuten in Theorie und Praxis sowie zwischen den Fachgebieten – im Mittelpunkt.

Fehlen fachlicher Kommunikation

Für SCHINDEGGER etwa zählt „die in Österreich kaum stattfindende reflektierende Diskussion (innerhalb) des Fachgebietes Raumplanung ... zu den größten Defiziten dieser Disziplin" (SCHINDEGGER, 1999, S. 8). Auch beschränkt sich die Diskussion unter Fachleuten weitgehend auf die technischen und fachspezifischen Aspekte und weniger auf die Diskussion über Ziele, Entwicklungen und die eigene, gewandelte Rolle und Haltung (vgl. DIETIKER: in SELLE, 1996, S. 196).

Zur Forcierung der Kommunikation auf der fachlichen Ebene scheinen vor allem drei Aspekte von besonderer Bedeutung: Erstens die Diskussion und Weiterentwicklung des theoretischen Grundgerüstes (Theoriekrise). Zweitens die Diskussion und Verbreitung von gelungenen Beispielen von zukunftsweisenden Projekten („Best Practice"). Drittens die Kommunikation zwischen den Fachbereichen der Raumplanung.

Theoretische Untermauerung

Aufgrund der Tatsache, dass es keine umfassende Planungstheorie gibt, die eine theoretische Durchdringung des Planungsvorganges an sich ermöglichen und viele der entscheidungsrelevanten Faktoren integrieren würde, wird u.a. von

---

[27] vgl. SCHÖNWANDT, 2002

SCHÖNWANDT von einer Theoriekrise in der Planung gesprochen. Ausgangspunkt ist die Beobachtung SCHÖNWANDTS, wonach sich zwischen der Alltagspraxis der Planung und der theoretischen Fundierung des Planens zunehmend eine Kluft auftut (vgl. SCHÖNWANDT, 2002, S. 7).

Auf dieser Erkenntnis aufbauend, entwickelt SCHÖNWANDT (2002, S. 37 – S. 54) eine neue theoretische Grundlage auf der Basis des systemtheoretischen Ansatzes von UEXKÜLL (siehe dazu Einleitung zu Kapitel 2). Der Ansatz geht dabei vom Verhalten einzelner Individuen aus, wobei daraus das Handeln „planender Menschen" im sozialen Kontext erklärt werden soll. Inwieweit eine umfassende Theorie der Raumplanung die Praxis bei ihren Aufgaben unterstützt, muss ebenfalls hinterfragt werden. So merkt LENDI beispielsweise an, dass es „eine reine Theorie der Raumplanung" nicht gibt, da „Raumplanung unter anderem eine Sequenz von Entscheidungen" ist und diese deshalb von „verschiedenen Gesichtspunkten zu betrachten" sei (LENDI, 1995, S. 146).

Best Practice Die Entwicklung einer Best Practice Datenbank mit Beispielen aus den Fachbereichen der Raumplanung zeigt nicht nur, was Raumplanung zu leisten imstande ist, sondern ist auch Ideenquelle und Ansporn zur Steigerung der Qualität in Planung und Umsetzung. Gleichzeitig müssen dazu das Aufarbeiten von Negativerfahrungen in „geschützten" Räumen, die Diskussion und die ständige Erweiterung möglich sein (vgl. SELLE, 2005, S. 443).

Abb. 8 Best Practice Datenbank im Netzwerk Raumplanung

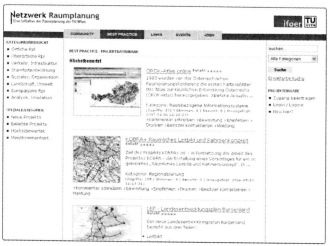

Quelle: Netzwerk Raumplanung, Jänner 2008

Eine Best Practice Sammlung in analoger oder nicht interaktiver Form (siehe z.B. ÖROK-Sammelmappe „Österreichisches Raumentwicklungskonzept 2001 in der Praxis") ist zwar ein Schritt in die richtige Richtung, genügt jedoch den Anforderungen nicht, da kein Diskussionsprozess dazu stattfinden kann und eine permanente Weiterentwicklung meist nicht gegeben ist. Eine Möglichkeit, eine solche interaktive Projektdatenbank zu realisieren, bietet das Internet (siehe z.B. Netzwerk Raumplanung „Best Practice" in Kapitel 3). Innerhalb der Best Practice Datenbank des „Netzwerks Raumplanung" können Projekte von registrierten Personen veröffentlicht, kommentiert und bewertet werden (siehe Abb. 8).

Auf fachlicher Ebene muss auch die intersektorale Kommunikation – also zwischen den Fachgebieten – und die Kommunikation zwischen Theorie und Praxis vereinfacht und verstärkt werden. Ein Zusammenwachsen und eine Mischung der Funktionen – wie in einer funktionierenden, lebendigen Stadt – sind also hier nötig. Neben den ohnehin laufend stattfindenden fachspezifischen Veranstaltungen und Tagungen, die hervorragende Inputs und Diskussionen liefern, könnte im Anschluss die Kommunikation mit Hilfe neuer Medien fortgesetzt werden.

Intersektorale Kommunikation

Ein Beispiel, wie dies mit der Unterstützung von Internet realisiert werden kann, ist der Bereich „Community" im „Netzwerk Raumplanung". Hier besteht für PlanerInnen aus unterschiedlichen Fachgebieten die Möglichkeit der Kommunikation und der Vernetzung (siehe dazu Kapitel 3).

2.3 Neue Medien, neue Möglichkeiten

TIM O'REILLY,
TIME magazine,
October 24, 2005

„We're entering an era in which software learns from its users and all of the users are connected."

Wenngleich Bürgerbeteiligung und Kommunikation im Fachgebiet bereits etabliert sind und vielfach angewendet werden und selbst die Nutzung neuer Medien dabei nichts Neues mehr ist (vgl. Beispiele in LINZER et al., 1994), stellt die Verwendung von neuen Medien dabei immer noch eine gewisse Herausforderung dar. Schließlich verändert sich die Hard- und Software derart rasch, dass sich das Spektrum an Möglichkeiten permanent erweitert und letztlich werden die gefundenen technischen und fachlichen Lösungen an der Qualität der Planung, der Entscheidungsfindung im Beteiligungsprozess, der Öffentlichkeitsarbeit und vor allem an der tatsächlich erzielten Gestalt des gemeinsamen Lebensraumes gemessen (vgl. VOIGT et al., 1998, S. 10).

Web 2.0

Tim O'Reilly prägte den Begriff "Web 2.0". Er sprach bei der von ihm veranstalteten „Web 2.0 Conference" im Oktober 2004 vom Internet als Plattform, in welcher die Kommunikation der NutzerInnen untereinander im Vordergrund steht. Im Gegensatz zum Internet der ersten Generation ist das Web 2.0 geprägt von OpenSource, Interaktion, Social Networks, Collaboration, Desktop Replacement, Personal Publishing etc.. (vgl. O'REILLY, 2006)

Die Eigenschaften, die das Web 2.0 bzw. Computervermittelnde Kommunikation aufweist, machen das Internet als Medium für die Raumplanung, respektive die Gestaltung von Beteiligungsprozessen interessant (vgl. dazu MÄRKER, 2005, S. 70 – 75; WIKIPEDIA, 2007, Computervermittelte_Kommunikation):

Teilnahme einer Vielzahl von Akteuren

Durch neue Informations- und Kommunikationstechnologien ist es möglich, die gleichzeitige Teilnahme einer Vielzahl von Akteuren mit geringem Aufwand zu organisieren.

Wegfall von Raum- und Zeitgrenzen

Durch den Wegfall von Raum- und Zeitgrenzen ergibt sich für die BenutzerInnen ein neues Umfeld, in dem sie miteinander kommunizieren können. Indem der Beteiligungsprozess nicht an einen gewissen Zeitpunkt und Ort gebunden ist, fällt es beispielsweise Berufstätigen leichter, daran teilzunehmen. Die Beteiligung passt sich an die individuellen Lebensmuster an und nicht umgekehrt.

Neben der Dokumentation des gesamten Prozesses (etwa in Datenbanken) wird der Zugang bzw. Rückgriff auf Informationen durch eine Suchfunktion erleichtert. Der Prozess wird transparenter und nachvollziehbarer. Das ermöglicht beispielsweise auch den Einstieg möglicher Interessenten zu einer späteren Phase des Prozesses.

Einfachere Dokumentation und Verfügbarkeit

Die Akteure befinden sich meist in einem vertrauten Umfeld, kommunizieren gegebenenfalls anonym und haben dadurch einen viel größeren Abstand zum Kommunikationspartner. Durch diese Distanz können sie sich ungezwungener austauschen. Die verstärkte Kontrolle über die Kommunikation ermöglicht auch zurückhaltenden und unsicheren TeilnehmerInnen ein gewünschtes Gespräch aufzubauen oder Antworten auf gestellte Fragen zu erhalten.

Herabgesetzte Hemmschwelle

Im Vergleich zu realen Beteiligungsprozessen besteht bei Online-Diskussionen nicht der Zwang einer sofortigen Aussage oder Antwort. Vielmehr besteht die Möglichkeit, eine Aussage in Ruhe zu überlegen und qualifizierte Argumente zu sammeln. Auch Angriffe auf die eigene Person werden durch die gewahrte Distanz in der Regel als nicht so verletzend empfunden wie bei realer Kommunikation. Dadurch kann die Sachlichkeit auch besser gewahrt und eine Eskalation des Prozesses vermieden werden.

Überlegtere Aussagen

Durch das Wegfallen der nonverbalen Kommunikation ist es dem Gegenüber oft gar nicht möglich, eine Aussage richtig zu deuten. Es kommt daher leichter zu Missverständnissen und erfordert einen höheren Kommunikationsaufwand. Sarkastische oder ironische Nachrichten können nur mit Hilfe von Emoticons als solche identifiziert werden. Die vermutete Anonymität lässt BenutzerInnen auch zu beleidigenden oder unwahren Aussagen hinreißen.

Negative Aspekte

Es lässt sich festhalten, dass neue Medien – insbesondere das Internet – Chancen zur Bereicherung von Beteiligungsprozessen bieten. Die Möglichkeiten der Visualisierung und Modellbildung sind geeignet, die Qualität der Kommunikation zu verbessern (vgl. VOIGT et al., 2003, Vorwort). Informations- und Dokumentationswerkzeuge sowie die spezifischen Eigenschaften computervermittelnder Kommunikation erweitern das Instrumentenspektrum der PlanerInnen.

Schlussfolgerung

Das in dem Zusammenhang häufig benutzte Argument, dass computergestützte Bürgerbeteiligung nur für einen informationell privilegierten und technisch geschulten Teil der Bevölkerung in Frage käme, dürfte inzwischen nicht mehr zutreffen: „die Handhabbarkeit der Systeme ist derart einfach geworden und auch die Zugangsmöglichkeiten ... haben einen Umfang angenommen, daß von einer wirklichen Benachteiligung nicht mehr die Rede sein kann." (STREICH, 2005, S. 153 f.)

Gleichzeitig steigt auch die Zahl der Internet-User (siehe Abb. 9). Wie der „GfK OnlineMonitor 2005" über den Internetmarkt in Österreich zeigt, nutzen bereits 60% aller ÖsterreicherInnen das Internet. „In der Bevölkerungsgruppe der 14 bis 59 Jährigen ist das Internet mit mehr als zwei Drittel NutzerInnen bereits als Massenmedium zu bezeichnen und die Generation der unter 20 Jährigen, die das Medium zu 90% nutzt, wächst mit dem Internet auf" (Abb. 10) (GFK, 2006).

Abb. 9
Entwicklung des
Internet-Marktes 1996
- 2005

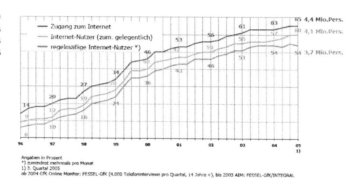

Quelle: GFK, www.gfk.at, Juli 2006.
Basis: Österreicher ab 14 Jahre (6,796.000 Personen)

Abb. 10
Internet-Nutzung
gesamt nach Alter
2000 und 2005

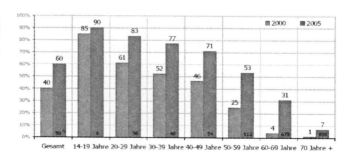

Quelle: GFK, www.gfk.at, Juli 2006.
Basis: Österreicher ab 14 Jahre (6,796.000 Personen)

Somit stellt künftig das Internet ein attraktives Medium zur Abwicklung von Beteiligungsprozessen dar. Es braucht aber auch Kontrolle und eine strukturierte Vorgehensweise, um Missbrauch und Täuschung möglichst auszuschließen. Es herrscht Bedarf an Forschung und Entwicklung an geeigneter, für die Praxis anwendbarer Verfahren, denn „die Integration der verfügbaren Techniken und Medien in das Handlungsfeld der Raumplanung stellt eine beständige Herausforderung dar" (VOIGT, 2005, S. 193). Gleichzeitig besteht aber auch Bedarf an „neuen ExpertInnen", die Kenntnis im Umgang mit Informations- und Kommunikationstechnologien und der Abwicklung von Planungsprozessen haben.

Aufbauend auf den Aussagen aus Kapitel 2 könnte ein Pflichtenheft für kommunikative Plattformen zur Beteiligung von Akteuren in Planungsprozessen wie folgt aussehen:

Pflichtenheft für eine Kommunikationsplattform

- wesentliches Ziel: Eigner von verschiedenen Potentialen sollen einander begegnen;
- offener Zugang für alle Interessierten (keine zwingende Zugehörigkeit zu einer Institution);
- gleicher Zugang zu Informationen für alle Beteiligten;
- Möglichkeit zur Diskussion und Information in Foren, Chats etc.;
- Moderation der Diskussion und Gestaltung der Inhalte durch unabhängige, geschulte ModeratorIn;
- Verständlichkeit durch einfache sprachliche Formulierungen und Vermeidung von Fachjargon;
- Aufstellen von Regeln des Umgangs miteinander;
- Dokumentation des (Planungs)Prozesses;
- Einfordern von Feedback;
- Transparente Ziele, Verfahren und Politik;
- Ausschöpfung der technischen Möglichkeiten bei der Umsetzung (Interaktivität, Individualisierbarkeit etc.).

3. Netzwerk Raumplanung

„We have become one of the largest websites in the world using a model of love and co-operation that is still almost completely unknown to the wider world. But we are becoming known, and we will be known, for both our principles and achievements – because it is the principles that make the achievements possible."

JIMMY WALES,
Gründer v. Wikimedia,
blog.jimmywales.com,
21.Oktober 2004

Die Website Netzwerk Raumplanung[28] ist als Projekt im Rahmen der Diplomarbeit des Autors entstanden und wird seit dem Launch der Website im Mai 2006 vom Fachbereich für Örtliche Raumplanung der Technischen Universität Wien betrieben. Das Netzwerk Raumplanung ist eine Plattform der Kommunikation, Information und Kooperation. Es geht darum, ein Netzwerk von Akteuren aufzubauen, die ein gemeinsames Ziel anstreben, nämlich Raumplanung zu vermitteln und gemeinsam an Lösungen zu arbeiten.

Abb. 11
Startseite Netzwerk Raumplanung

Quelle: Netzwerk Raumplanung, Jänner 2008

In diesem Kapitel werden nun – ausgehend von der Forderung aus Kapitel 2 nach verbesserter Kommunikation auf der fachlichen Ebene – das Konzept sowie das Netzwerk Raumplanung selbst beschrieben und Möglichkeiten der Weiterentwicklung der Kommunikation innerhalb der „Planungswelt" angedacht. Vorerst werden die Gründe erläutert, warum das Thema Vernetzung sinnvoll ist

---

[28] Das Netzwerk Raumplanung ist unter der URL http://www.netzwerk-raumplanung.at erreichbar.

und ein verstärkter Austausch an Fachwissen in der „Raumplanungslandschaft" in Zukunft einen wichtigen Aspekt einnehmen sollte:

Wozu? Zu Beginn der Überlegungen zu einem Vorhaben steht natürlich immer die Frage nach dem „wozu". Wozu sollen Zeit und Mühe investiert werden, wo das Angebot an Information und an Internetplattformen immer größere, längst schon unüberschaubare Ausmaße angenommen hat? Wozu soll erneut ein Anlauf unternommen werden, eine Plattform von Planerinnen und Planern zu erstellen, wo dies doch in der Vergangenheit schon mehrmals versucht wurde[29]?

Natürlich dürfen diese Fragen alleine schon aus Motivationsgründen nicht unbeachtet bleiben. Somit soll auch hier nochmals der Sinn eines solchen Unterfangens hinterfragt werden:

Nachdem bereits in den Kapiteln 1 und 2 die Änderung der Rahmenbedingungen behandelt und die zunehmende Bedeutung der Kommunikation und des Mediums Internet diskutiert wurden, wird nun auf einen weiteren zentralen Aspekt hingewiesen: Das Global Future Forum (GFF) präsentiert im Pulse Report 2005 eine Umfrage, wo 289 Zukunftsforscher, Branchenanalysten und in der strategischen Planung tätige Führungskräfte aus 27 Ländern (darunter auch Österreich) befragt wurden. Demzufolge sind 85% der Befragten der Ansicht, dass sich viele Organisationen bis zum Jahr 2009 zu einem Netzwerk mit ausgelagerten Ressourcen, Partnerschaften und Allianzen entwickeln werden (KLAUS-EDER, 2005).

Dass diese Schätzung nicht sehr unrealistisch ist, führte auch die Veranstaltung "Tag der Netzwerke: Innovation - Kooperation - Motivation" des Bundeskanzleramtes der Republik Österreich am 31. 01. 2008 eindrucksvoll vor Augen. Dort gaben nationale und internationale „Planungsnetzwerke" aus verschiedenen Teilbereichen des Fachgebietes Raumplanung Einblick in ihre Arbeit. Dabei stellte sich heraus, dass Netzwerke oftmals von entscheidender Bedeutung sind, wenn es darum geht, bürokratische und rechtliche Hürden in den starren Organisationsformen der Verwaltung zu überwinden. Mithilfe von formellen und informellen Netzwerken gelingt es, auf kurzem Wege mit Partnern über Grenzen hinweg zu kooperieren und Erfahrungen auszutauschen.

---

[29] z.B. Internetplattform für Akteure der Raumplanung (http://www.raumplaner.net); Diskussionsforum Raumplanung (http://forum-raumplanung.tuwien.ac.at/); INFOKO (http://www.infoko.org/); ...

Angesichts dieses Trends wäre dies alleine schon Grund genug, ein entsprechendes offenes Akteursnetzwerk im Planungsbereich anzubieten. Darüber hinaus scheint es – vielleicht auch nicht so eindeutig formuliert wie es das Global Future Forum getan hat – auch auf fachplanerischer und universitärer Ebene einen breiten Konsens für die Notwendigkeit der Vernetzung und intersektoralen Kommunikation zu geben. So sprechen PlanerInnen unterschiedlichster Institutionen bei diversen Tagungsveranstaltungen und auch in persönlich geführten Gesprächen von der Wichtigkeit einer derartigen Vernetzung. Auf universitärer Ebene reichen die Argumente von der Verbindung von Theorie und Praxis bis hin zur Kommunikation der universitären Forschung in die Öffentlichkeit. Im Folgenden sind einige Zitate erwähnt, die den Bedarf einer derartigen Plattform noch mal untermauern:

Ergebnisse im Bereich „Maßnahmen" einer Diskussionsveranstaltung von Studierenden und Lehrenden über die Studienrichtung Raumplanung:

„Vorausdenkender kritisch-fachlicher Diskurs", „auf allen Ebenen nach außen strahlen"; „Diskussion über Visionen"; „Persönlichkeiten nach außen bringen"; „Alumni"; „Best Practice"; „Vernetzung"; „Marketing"; „Veranstaltungen durchführen (und dokumentieren)."

CURRICULUM-SITZUNG, 2004

„Die neuen Informations- und Kommunikationsmedien bieten die Chance, Informationen zur Raumentwicklung und –planung allgemein zugänglich zu machen, Meinungen zu erkunden und Debatten zur Raumplanung in virtuellen Netzen zu führen. Dieses Potential der neuen Technologien wird bislang nur wenig genutzt."

KUNZMANN, 2001, S. 72 F.

„Wir brauchen auf jeden Fall mehr Common sense und weniger rechthaberische Deduktion. Wir müssen den Diskurs über die zukünftigen Aufgaben der Raumordnung und die Zukunft unserer Fachgebiete intensiv, aber unaufgeregt, neugierig und nicht larmoyant führen. Raumordnung als Forschung, Praxis und gestaltende Politik braucht ein ausdifferenziertes disziplinäres Umfeld, um die Grundlagen zu schaffen, die zur räumlichen Gestaltung unserer Gesellschaft nötig sind."

STRUBELT, 2004, S. 40

Bei der Tagung „Planertag 2005, Raumumbau und demografischer Wandel" werden als „flankierende Maßnahmen" zu Handlungsstrategien zur Sicherung der Funktionsfähigkeit ländlicher Räume und Dienstleistungen der Daseinsvorsorge folgende Punkte vorgeschlagen:

„Aufbau eines Wissensmanagements, Aufbau eines Monitoringsystems, Sammlung und Aufbereitung von Best Practices, Kontaktdrehscheibe, Organisation von Veranstaltungen und Exkursionen".

HIESS, 2005, S. 4 F.

ÖROK, 2005B, S.4 *„Ein Problem liegt in der Tatsache begründet, dass die Raumordnung / Raumplanung nicht über eigene Instrumente zur Umsetzung der räumlichen Ziele verfügt, sondern diese nur durch Kooperation mit den raumrelevanten Sachpolitiken erreichen kann. Die Kommunikation der Anliegen und Ziele von Raumordnung müsste daher als zentrales Instrument eingesetzt werden, um PartnerInnen in anderen Fachbereichen zu gewinnen".*

Aus persönlicher Sicht ist eine derartige Plattform wie das „Netzwerk Raumplanung" eine Notwendigkeit für die Zukunft der Raumplanung, die sich vernetzen und weiterentwickeln muss. Die Kräfte sind nach Möglichkeit zu bündeln. Ein gemeinsames Auftreten der Planung zur Kommunikation erkannter Probleme in die Politik und breite Öffentlichkeit ist angesichts der Vielzahl von Planungsinstitutionen in Österreich ein Muss. Das „Netzwerk Raumplanung" kann und soll hier einen – vielleicht auch kleinen, aber wichtigen – Schritt tun.

3.1 Konzept

Wie? Es scheint nun die Frage nach dem „Wozu" geklärt. In einem nächsten Schritt stellt sich eine neue Frage: Wie? Im Konzept für das Netzwerk Raumplanung wird nun näher darauf eingegangen, wie die Website aufgebaut ist, um den zuvor skizzierten Visionen einer Plattform für Kommunikation, Information und Kooperation gerecht zu werden.

3.1.1 Grundsätze, Ziele und Zielgruppe

Die grundsätzlichen Überlegungen und Ziele sind ein wesentlicher, wenn nicht sogar entscheidender Teil. JIMMY WALES (siehe Eingangszitat dieses Kapitels) sagt: „... because it is the principles that make the achievements possible."

Wenn das Konzept von Grund auf falsch ausgelegt ist, kann das alleine schon der Anfang vom Ende eines solchen Projektes sein. Ein derartiger Fehler wäre beispielsweise, eine allzu große Benutzergruppe ansprechen oder zu viele Inhalte umsetzen zu wollen. Gerade zu Beginn ist es daher wichtig, das Angebot auf wenige, wesentliche Punkte zu konzentrieren. Denn auch hier gilt wieder: weniger ist mehr.

3. Netzwerk Raumplanung

Grundsätze

Das Netzwerk Raumplanung ist eine Plattform der Kommunikation, Information und Kooperation für Planerinnen und Planer aller Fachgebiete. Es steht jedem, der in Theorie oder Praxis mit Planung[30] zu tun hat, nach Möglichkeit frei zur Verfügung. Die Teilnahme am Projekt Netzwerk Raumplanung und die Registrierung im PlanerInnenverzeichnis ist nicht durch die einstige oder jetzige Zugehörigkeit zu einer Institution verbunden. Als Grundlage für die Beteiligung sind vielmehr das gemeinsame Interessensgebiet und die Kompetenz, die jeder einzelne persönlich einzubringen hat, ausschlaggebend. Dazu muss auch im Sinne einer Qualitätssicherung gewährleistet sein, dass Interessensgebiete, Kompetenz- und Tätigkeitsbereiche der Personen angegeben werden.

Ziel/e

Das primäre Ziel dieser Website ist, den Dialog zwischen den Planungsfachgebieten sowie zwischen Theorie und Praxis zu fördern und eine Kommunikations-, Informations- und Kooperationsplattform für Planerinnen und Planer aller Fachgebiete zu sein. Es soll zum Erfahrungsaustausch anregen, der wiederum der Weiterentwicklung der Raumplanung dient. Die kritische Reflexion der raumrelevanten Geschehnisse soll schließlich zu einer nachhaltigen, sozial gerechten und umwelt- und ressourcenschonenden Entwicklung beitragen.

Zielgruppe

Die Zielgruppe ist die Fachöffentlichkeit im deutschsprachigen Raum. Auf spezifische Eigenschaften der Zielgruppe ist in mehrfacher Hinsicht Rücksicht zu nehmen. Wäre die Zielgruppe beispielsweise die breite Öffentlichkeit, müsste ein anderer Ansatz sowohl sprachlich als auch konzeptionell gewählt werden. Das Netzwerk Raumplanung sieht sich als Sprachrohr zwischen ExpertInnen und nicht zwischen ExpertInnen und Laien, wenngleich auch Beiträge aus nichtfachlicher Sicht wünschenswert und erstrebenswert sind.

Motivation der Zielgruppe

Die Motivation der Zielgruppe kann folglich primär in drei Motivationsbereiche eingeteilt werden:
1. Dazugehörigkeit, Netzwerkdenken, Selbstdarstellung, Eigenwerbung
2. Zusammenfinden für Projekte sowie für Forschungs- und Arbeitsgruppen, Anbieten spezifischer Kenntnisse, Suche nach KollegInnen oder ExpertInnen
3. Interesse am Thema, Erfahrungsaustausch, Bezug von fachspezifischen Informationen und Neuigkeiten

---

[30] Gemeint ist hier: Raumplanung i.w.S. inkl. Örtliche Raumplanung, Stadt- u. Regionalplanung, Landschafts- und Freiraumplanung, Infrastruktur- und Verkehrsplanung, Beteiligung, Organisation und Kommunikation von Planung etc.

Best Practice Preis 2007

Durch das Veranstalten von Wettbewerben und durch die Vergabe von Preisen wird versucht, die Motivation noch zu steigern. Beispielsweise wurde zum Beginn der Plattform eine „Jahrgangscompetition" veranstaltet. Weiters wurde im Mai 2007 gemeinsam mit der Bundesfachgruppe Raumplanung, Landschaftsplanung und Geographie und mit Unterstützung der Österreichischen Raumordnungskonferenz (ÖROK) der Best Practice Preis 2007 zum Thema „Erfolgreich kooperieren im Raum" ausgeschrieben. Ziel war die Förderung und breite Kommunikation von „guten Beispielen" österreichischer und internationaler Planungspraxis. Zur Teilnahme eingeladen waren ProjektverfasserInnen aus der Planungspraxis wie z. B. Ziviltechnikerbüros, Ingenieurbüros, Konsulenten und Beratungsfirmen. Als mögliche Projekte konnten Vorhaben eingereicht werden, die seit 2004 geplant und realisiert werden oder bereits realisiert wurden. Wesentliche Entscheidungskriterien waren:

- „Grenzüberschreitung" durch Kooperation (räumlich, fachlich, institutionell), Interdisziplinarität, Partizipation der NutzerInnen
- Beitrag zur Ressourcensparung u. Nachhaltigkeit
- methodischer Ansatz und Prozessgestaltung
- Aktualität und Innovationscharakter des Projektes
- Informations- u. Kommunikationsmaßnahmen (positive Resonanz in den Medien, Akzeptanz, etc.)

Die Auswahlentscheidung wurde Ende September 2007 von einer unabhängigen Fachjury bestehend aus Vertretern der TU Wien, der Bundesfachgruppe Raumplanung, Landschaftsplanung und Geographie sowie weiteren Experten getroffen. Die Preisvergabe erfolgte im Rahmen des Planertages 18./19.10. 2007 in Salzburg (siehe Abb. 12 u. Abb. 13).

Abb. 12 u. Abb. 13 Fotos von der Verleihung der Urkunden am Planertag

Quelle: Bundesfachgruppe RLG (links), TSCHIRK, W. (rechts)

Von den insgesamt 25 Einreichungen wurden zwei Projekte mit dem Best Practice Preis für die außergewöhnlichen Leistungen und Bemühungen um die Schaffung eines hochwertigen Lebensraumes in einem partizipativen Planungsprozess ausgezeichnet. An drei weitere Projekte wurde ein Anerkennungspreis verliehen. Insgesamt weisen jedoch alle Einreichungen überaus hohe Qualität auf und sind vorbildhaft für „gute" Planungspraxis.

Der Best Practice Preis ging an die Projekte:
- Alpine Pearls
- Vision Rheintal

Der Anerkennungspreis ging an die Projekte:
- Kinderspiel: Platz (wenn Kinder Frei-Räume schaffen)
- Masterplan Emscher-Zukunft
- 47° Nord - Wirtschaftsregion Eibiswald - Radlje ob Dravi

Alle Einreichungen wurden in der Best Practice Datenbank des Netzwerks Raumplanung und in Form einer CD-Rom publiziert.

Aus den Grundsätzen, der Zielgruppe und den Zielen lassen sich folgende Eigenschaften ableiten, die das System aufzuweisen hat:
- Transparenz im Aufbau, in den Zielen, in der Politik;
- einfache Bedienbarkeit und Übersichtlichkeit;
- klarer und eindeutig erkennbarer Nutzen;
- rasche Auffindbarkeit der gesuchten Information;
- soweit möglich, kostenfreies Service für die Benutzer.

3.1.2 Informations- und Kommunikationsangebot

Nachdem nun im vorherigen Punkt die Grundsätze erläutert wurden, wird jetzt auf das inhaltliche und kommunikative Angebot im Netzwerk Raumplanung näher eingegangen:

Das Netzwerk Raumplanung besteht derzeit aus fünf Schwerpunktbereichen: der „Community" (mit dem PeopleBook, dem PlanerInnenverzeichnis), der „Best Practice Datenbank", dem „Linkverzeichnis", der „Veranstaltungsdatenbank" und der „Jobbörse". Diese bilden die Basis für den Webauftritt und sind soweit wie möglich den Bedürfnissen der Hauptzielgruppe angepasst.

Community mit PeopleBook

Der Bereich „Community" mit dem PeopleBook (siehe Abb. 14) beheimatet Tools, die es registrierten BenutzerInnen ermöglichen, sich zu präsentieren und ihr individuelles Netzwerk an Kontakten zu erweitern und zu pflegen. Gezielt kann nach ProjektpartnerInnen, JahrgangskollegInnen oder ExpertInnen zu bestimmten Themenbereichen gesucht werden (siehe Abb. 15). Ähnlich wie in Business-Club-Plattformen können auch Personen aus dem Netzwerk kontaktiert und zu den persönlichen Kontakten hinzugefügt werden. So erweitern sich mit jedem Mitglied das Netzwerk an PlanerInnen und natürlich auch die persönlichen Netzwerke der User. Denn oft ist die Welt „klein" und zufällig ist die gesuchte Expertin eine Jahrgangskollegin eines Bekannten. Das macht natürlich die Kontaktaufnahme um einiges einfacher. Und genau deswegen sind im Netzwerk Raumplanung auch die „Kontakte der Kontakte" sichtbar (siehe Abb. 16). Oder anders ausgedrückt: Der User sieht, über wie viele „Ecken" er mit jeder beliebigen Person im Netzwerk in Verbindung steht.

Weiters wurde im Sommer 2007 die Initiative „Hot Topics" gestartet. „Hot Topics" sind Fachbeiträge mit Bezug zur Raumplanung und zu den räumlichen Problemen im Lebensraum. Diese Beiträge sollen primär die Diskussion innerhalb der Fachwelt anregen. Dazu hat jeder registrierte User die Möglichkeit, die Beiträge zu kommentieren und seine Lieblingsbeiträge in eine Favoritenliste hinzuzufügen.

Abb. 14 PeopleBook

Quelle: Netzwerk Raumplanung, Jänner 2008

3. Netzwerk Raumplanung

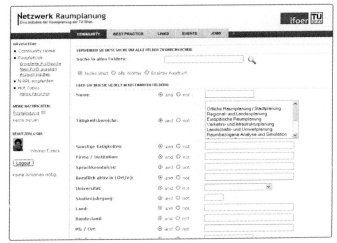

Abb. 15
Suchfunktion

Quelle: Netzwerk Raumplanung, Jänner 2008

Abb. 16
Benutzerprofil im
PeopleBook

Quelle: Netzwerk Raumplanung, Jänner 2008

Best Practice Der Bereich „Best Practice" stellt eine Sammlung von guten Planungsbeispielen dar (siehe Abb. 17). Es können sowohl Projekte gesucht als auch eingegeben werden. Registrierte PlanerInnen haben dabei die Möglichkeit, die eigenen Projekte den passenden Kategorien hinzuzufügen und zu verwalten. Das hat zwei Vorteile: Zum einen entsteht eine Referenzsammlung an Projekten aus dem Fachgebiet der Raumplanung, die sowohl Fachleuten als auch der Öffentlichkeit leicht zugänglich ist. Gute Beispiele zeigen, was gute Planung leistet. Zum anderen entsteht eine individuelle Referenzsammlung der User, denn es lassen sich auch gezielt alle Einträge des "Besitzers" anzeigen. Um eine Qualitätssicherung der eingegebenen Projekte zu gewährleisten, muss jedes Projekt vor Veröffentlichung von einem Administrator freigegeben werden. Darüber hinaus gibt es die Möglichkeit, die Projekte zu bewerten, zu kommentieren oder einem/einer Bekannten weiter zu empfehlen.

Abb. 17 Projekteintrag in der „Best Practice Datenbank"

Quelle: Netzwerk Raumplanung, Jänner 2008

Linkverzeichnis Das „Linkverzeichnis" (siehe Abb. 18) umfasst eine Sammlung von planungsspezifischen Webseiten. Das Besondere daran: neben den Links finden sich zu jeder Website eine Kurzbeschreibung sowie Kontaktinformationen (siehe Abb. 19). Eine integrierte Suchmaschine und die Zuordnung der Einträge zu Kategorien garantieren ein rasches Auffinden. User haben auch hier die Möglichkeit, Links dem Verzeichnis hinzuzufügen.

3. Netzwerk Raumplanung

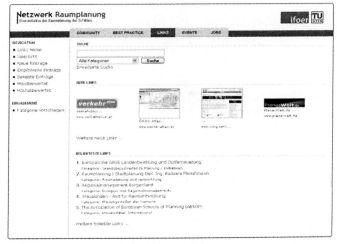

Quelle: Netzwerk Raumplanung, Jänner 2008

**Abb. 18
Linkverzeichnis**

Quelle: Netzwerk Raumplanung, Jänner 2008

**Abb. 19
Linkeintrag**

Veranstaltungs-datenbank

Die „Veranstaltungsdatenbank" (siehe Abb. 20) beinhaltet Informationen zu planungsspezifischen Veranstaltungen. Es gibt dabei die Möglichkeit, zwischen Kalenderansicht oder Listenansicht und mehreren Kategorien zu wählen. Natürlich kann jeder User eine neue Veranstaltung vorschlagen. In einer Übersicht stehen allgemeine Informationen zur Veranstaltung wie Datum, Art der Veranstaltung etc., und in einer Detailansicht findet man weitere Informationen wie Veranstaltungsort, Veranstalter sowie Hinweise zum Veranstaltungsprogramm.

Abb. 20 Kalenderansicht in der Veranstaltungs-datenbank

Quelle: Netzwerk Raumplanung, Jänner 2008

Jobbörse

Die „Jobbörse" (siehe Abb. 21) wurde aufgrund zahlreicher Anregungen von Usern des Netzwerks Raumplanung eingerichtet. Sie dient dazu, aktuelle Jobangebote aus dem Fachgebiet der Raumplanung an gesammelter Stelle zu veröffentlichen und stellt sowohl ein Service für Jobsuchende als auch für die ausschreibenden Büros dar. Auch hier sind sowohl das Posten von Jobs wie auch das Lesen der Angebote kostenfrei. Die Inserate werden als Pdf- oder Doc-Dokumente online gestellt. Planungsbüros haben hier die Möglichkeit, für eine geringe Servicepauschale eine zielgruppenspezifische Aussendung ihres Inserates per E-Mail zu veranlassen.

3. Netzwerk Raumplanung

Abb. 21
Jobbörse

Quelle: Netzwerk Raumplanung, Jänner 2008

Neben diesen Hauptbereichen besteht die Website aus noch weiteren inhaltlichen und kommunikativen Elementen wie zum Beispiel dem „Private Messaging System", das registrierten Usern erlaubt, mit anderen unmittelbar in Kontakt zu treten. Die Möglichkeit der Erweiterung der informativen und inhaltlichen sowie der kommunikativen Elemente ist jederzeit gegeben. Ein kontinuierliches, sinnvolles Wachstum ist nicht nur wünschenswert, sondern auch eine Notwendigkeit, wenn man langfristig eine derartige Plattform betreiben will.

Ein besonders Augenmerk bei der Entwicklung des Netzwerks Raumplanung wurde auch auf die Benutzungsfreundlichkeit („Usability") und das Design der Website gelegt. Die Entwicklung des Templates war ein zeitintensiver Prozess, der durch das Designerteam „Schreiner, Kastler"[31] unterstützt wurde. Das Template orientiert sich an den derzeitigen CSS- und XHTML-Standards. Die technische Umsetzung der Website erfolgte mit dem Open Source Content Management System „Joomla![32]". Die Kompatibilität und Funktionsfähigkeit der Site wurde mit den gängigen Web-Browsern getestet. Die Benutzerfreundlichkeit wurde in mehreren „Usabilitytests" überprüft.

---

[31] http://www.schreinerkastler.at

[32] http://www.joomla.org

Durch die laufende Weiterentwicklung des verwendeten Open Source Content Management Systems durch die „Joomla!-Community" ist auch die technische Weiterentwicklung des Netzwerks Raumplanung gewährleistet. Es ist mir daher ein besonderes Anliegen, den enormen Einsatz von Zeit und Energie der Entwickler von „Joomla!" zu würdigen und ihnen für ihre hervorragende Arbeit herzlich zu danken!

3.2 Rückblick und Ausblick

LEWIS CAROLL, "Würdest du mir bitte sagen, wie ich von hier aus am besten weitergehe?" fragt Alice
"Alice im Wunderland" im Wunderland die orakelnde Cheshire-Katze. Die maunzt: "Das hängt sehr davon ab, wo du hin willst."

Das Netzwerk Raumplanung steht mit hervorragenden Inhalten und Serviceangeboten online. Mit Februar 2008 haben sich 550 PlanerInnen (großteils AbsolventInnen der Studienrichtung Raumplanung und Raumordnung der TU Wien) mit teils umfassenden Profilen mit Informationen zu ihren Fachkenntnissen und Tätigkeitsbereichen registriert. Das Linkverzeichnis verfügt derzeit über mehrere hundert Einträge. Die Best Practice Datenbank ist stetig im Wachsen begriffen und die Veranstaltungsdatenbank und die Jobbörse werden laufend aktualisiert. Das Netzwerk Raumplanung verzeichnet derzeit (Februar 2008) monatlich über 19.000 Page Impressions bei ca. 2300 Besuchern (exkl. Administratoren) – Tendenz steigend. Bei den marktführenden Suchmaschinen (wie z.B. Google) wird das Netzwerk Raumplanung bei themenrelevanten Suchbegriffen in Top-Positionen gelistet. In Summe sind die Betreiber des Netzwerks Raumplanung also durchwegs zufrieden bis positiv überrascht über die Entwicklungen im Netzwerk Raumplanung in den letzten eineinhalb Jahren.

Trotzdem – oder gerade deswegen – lautet die Devise: Vieles wurde getan, vieles ist noch zu tun! Schließlich sei noch mal an das Ziel erinnert, wo es hingehen soll, und bis dies erreicht ist, liegt vermutlich noch ein längerer Weg vor uns: „Das primäre Ziel ist, den Dialog zwischen den Planungsfachgebieten sowie zwischen Theorie und Praxis zu fördern. Das Netzwerk Raumplanung soll zum Erfahrungsaustausch anregen, der wiederum der Weiterentwicklung der Raumplanung dient. Die kritische Reflexion der raumrelevanten Geschehnisse soll schließlich zu einer nachhaltigen, sozial gerechten und umwelt- und ressourcenschonenden Entwicklung beitragen."

4. Glossar

Mit einem Content Management System (CMS) werden dynamische Websites erstellt und gepflegt, deren Bestandteile in einer Datenbank abgelegt sind. Inhalt, Navigation und Design sind voneinander getrennt. (GROTENHOFF, 2002, Glossar)   **Content Management System**

Eine dynamische Website generiert ihre Inhalte mit jedem Seitenabruf aus einer Datenbank. Inhalte, Navigationselemente und Seitengestaltung werden dabei getrennt voneinander abgelegt. Die Inhalte können über eine redaktionelle Schnittstelle aktualisiert werden, ohne dass der Redakteur Programmierkenntnisse besitzen muss. (GROTENHOFF, 2002, Glossar)   **Dynamische Website**

Benannt nach HENRY FORD, amerikan. Industrieller. Die Gesamtheit der technischen, wirtschaftlichen und sozialpolitischen Grundsätze Fords werden als Fordismus bezeichnet. Sie basieren auf dem Grundgedanken, dass die Vergrößerung des Produktionsvolumens infolge erhöhter Arbeitsteilung und Rationalisierung (Fließbandarbeit) zu einer Verbilligung der Herstellung führt, deren Ziel die Versorgung mit möglichst guten Erzeugnissen zu möglichst niedrigen Preisen sein soll. (BROCKHAUS, 2006, Band 9, Ford Henry)   **Fordismus**

Die Homepage ist die Startseite (erste Seite) einer Website.   **Homepage**

Kooperation unterscheidet sich von Information und Beteiligung darin, dass Kooperation auch als Instrument und als Handlungsform betrachtet werden kann (vgl. ARL, 2005, S. 531).   **Kooperation**

Tab. 4: Formen der Information, Beteiligung und Kooperation via Internet

Informieren	Beteiligen	Kooperieren
Download, Newsletter/Mailing, Websites zu spezifischen Themenfeldern, Angebote für spezifische Bevölkerungsgruppen	E-Mail/Onlineformular/ Onlinefragebogen, E-Voting, Chat, Forum, Angebote für spezifische Bevölkerungsgruppen	Gemeinsamer Stadt- und Bürgerserver, Internetkonferenz, Onlinemediation

Quelle: Märker, 2005, S. 100

„Medium" kann allgemein als Mittel oder etwas Vermittelndes definiert werden. Es dient, um Informationen zu transportieren. Als „Transportmedien" können z.B. geschriebener Text, Sprache/Ton, Bild bzw. Film dienen. Die Verwendung des Begriffes „Medium" kann weiters auf eine Einrichtung für die Vermittlung   **Medium** von Meinungen, Informationen, Kulturgütern oder Bildung bezogen werden, aber auch für „Massenmedien" Verwendung finden. (VOIGT, 2005, S. 293)

Netzwerk Als Netzwerk bezeichnet man im Allgemeinen eine zugrundeliegende Struktur, die aus Knoten (Elemente, Punkte) und Verbindungen (Kanten, Linien, Beziehungen) besteht. Die Knoten stehen über die Verbindungen miteinander in Beziehung. Die zugrunde liegende Metapher des Netzwerks ist das Netz – wie z.B. ein Fischernetz, das aus Schnüren besteht, die zu Knoten geknüpft sind und miteinander verbunden ihre Wirkung entfalten. Dieses Bild lässt sich auf alle Arten von Netzwerken übertragen – z.B. auf technische Infrastrukturnetze (Straßennetz, Internet) oder auf soziale Netze. In sozialen Netzwerken stehen die AkteurInnen, also die menschlichen Individuen, für die Knoten, und die sozialen Beziehungen zwischen den AkteurInnen sind die Verbindungen im Netzwerk. (vgl. WIKIPEDIA, 2007, Netzwerk; PAYER et al., 2008, S. 5)

Online Community Eine Online-Community ist eine Gemeinschaft von Menschen, die sich via Internet begegnet und austauscht. Ermöglicht wird dies durch dafür eingerichtete Plattformen. Chat, Instant-Messenger und Foren sind die bekanntesten Tools, die Kommunikation zwischen den Mitgliedern ermöglichen. Eine Online-Community muss aufgebaut, gepflegt und betreut werden. (WIKIPEDIA, 2007, Online-Community)

Open Source Software Open-Source-Software ist eine Software, deren Quellcode frei zugänglich ist und von allen Benutzern nach ihren Bedürfnissen angepasst, verändert und weiterverbreitet werden darf. Kommerzielle Betätigung mit Open-Source-Software, z.B. durch Erbringung von Serviceleistungen, ist erlaubt, ausgeschlossen ist allerdings die Erhebung von Lizenzgebühren für die Software oder ihren Quellcode. (BROCKHAUS, 2006, Band 20, Open-Source-Software)

Postfordismus Postfordismus bezeichnet die Wirtschaftsform, die in den westlichen Industrienationen den Fordismus ablöste. Merkmale des Postfordismus sind: Flexibilisierung der Arbeitsorganisation, Arbeitsgruppen, Aufgabenintegration; Produktion in kleineren Serien und starke Produktdifferenzierung; Verbesserung der Qualifizierung der Arbeitskräfte; De-Hierarchisierung; Entbürokratisierung der Verwaltung; zunehmende Forschungsinvestitionen; die zunehmende Bedeutung geistigen Eigentums gegenüber materiellen Ressourcen und Produktionsmitteln; die umfassende Inanspruchnahme des Arbeiters; Wegfall der staatlichen Sicherungssysteme und Privatisierung der Absicherung etc. (WIKIPEDIA, 2007, Postfordismus)

4. Glossar

Raumplanung

Der Begriff „Raumplanung" kann sowohl semasiologisch – d.h. auf die Bedeutung in der Umgangssprache bezogen – als auch von der rechtlichen Bedeutung im österreichischen Planungssystem ausgehend, betrachtet werden. In diesem Sinn ist eine Vielzahl unterschiedlicher Definitionen zum Begriff „Raumplanung" entstanden, die von einem eher technischen Planungsverständnis bis zu der Einschätzung von Planung als einem Instrument zur Gestaltung sozialer und politischer Prozesse reichen. Dabei wird im Tenor Raumplanung als die Gesamtheit der Maßnahmen gesehen, um Leitbilder eines anzustrebenden, idealen Zustandes des Raumes zu entwickeln und die Voraussetzungen für ihre Verwirklichung zu schaffen. Raumplanung wird fortwährend von der gesellschaftlichen Entwicklung und den daraus resultierenden Problemen neu bestimmt und ist abhängig von der wissenschaftlichen und politischen Einsicht in die Bedingungen, die Gesetzmäßigkeiten, die wirtschaftlichen und technischen Möglichkeiten sowie die Folgen der räumlichen Entwicklung. (vgl. ARL, 2005, S. 893 ff.)

Von der hoheitlich-rechtlichen Sichtweise kann „Raumplanung" bzw. „Raumordnung" als die Gesamtheit der Maßnahmen öffentlicher Gebietskörperschaften hoheitlicher und privatwirtschaftlicher Art, die darauf abzielen, das gesamte Territorium nach bestimmten politischen Zielvorstellungen zu gestalten, verstanden werden. Raumordnung umfasst demnach nicht nur die vorausschauende Planung der Bodennutzung, sondern auch alle jene raumbezogenen und raumwirksamen Maßnahmen, die auf die räumliche Gestaltung des Territoriums Einfluss nehmen. Es ist jedoch anzumerken, dass die Raumordnungs- bzw. Raumplanungsgesetze der Länder den Begriff jeweils mit eigenem Wortlaut, aber mit ähnlichem Inhalt definieren. Auch wird oftmals die Raumplanung als Teilmenge der Raumordnung gesehen.
(vgl. ÖROK, 1998, S. 22)

Usability

Der Begriff Usability steht für die Benutzbarkeit einer Website. Eine gute Usability meint, dass eine Website intuitiv bedienbar ist und der Nutzer komfortabel zu den gewünschten Ergebnissen kommt. (GROTENHOFF, 2002, Glossar)

Website

Eine Website ist der Internetauftritt eines Unternehmens, einer Organisation oder einer Person. Eine Website besteht in der Regel aus mehreren Webseiten.

5. Verzeichnisse

5.1 Quellenverzeichnis

Akademie für Raumforschung und Landesplanung, Neue Perspektiven der Raumplanung in Mittelosteuropa (Arbeitsmaterial), ARL, Hannover. — **ARL (1995a)**

Akademie für Raumforschung und Landesplanung, Raumplanung hat Zukunft, räumliche Planung im Spannungsfeld von Europäisierung und Regionalisierung; 100. Sitzung der Landesarbeitsgemeinschaft Hessen, Rheinland-Pfalz, Saarland / [Autoren: Hans-Egon Baasch ...], (Arbeitsmaterial), ARL, Hannover. — **ARL (1995b)**

Akademie für Raumforschung und Landesplanung, Wohin steuert die Raumplanung?, Junges Forum vom 20. bis 22. Juni 2001 in Eisenach, ARL, Hannover. — **ARL (2001)**

Akademie für Raumforschung und Landesplanung, Handwörterbuch der Raumordnung, 4., neu bearbeitete Auflage, ARL, Hannover. — **ARL (2005)**

Brockhaus-Enzyklopädie in 30 Bänden [red. Leitung: Annette Zwahr], 21., völlig neu bearb. Aufl., Brockhaus, Leipzig [u.a.]. — **Brockhaus (2006)**

Auszug aus dem Teilbereich Maßnahmen der offenen CURRICULUM-Sitzung über die Zukunft des Raumplanungsstudiums, offenen STUKO-Veranstaltung am 28.10.2004, Technische Universität Wien. — **Curriculum-Sitzung (2004)**

Die „neue" Gesellschaft: Auswirkungen auf die bestehenden Planungsverfahren, in: ÖROK Sonderserie Raum & Region, Heft 2, Raumordnung im 21. Jahrhundert – zwischen Kontinuität und Neuorientierung, 12. ÖROK-Enquete zu 50 Jahre Raumordnung in Österreich, Wien, 2005, S. 20 – 29. — **Dangschat, J. (2005)**

Kulturjournal (Ö1), Schwerpunkt Raumplanung, Audioservice (Dokumentation) ORF - 5.5.2006, Wien. — **Eberle, D. (2006)**

Vertrag über eine Verfassung für Europa, Text der Verfassung in deutscher Sprache, http://europa.eu/constitution/de/allinone_de.htm, September 2006. — **Europa.eu (2006)**

European cooperation in planning | Europäische Kooperation in der Planung, in: VOIGT, A., WALCHHOFER, H.P. [Hrsg.] (2006), Cooperative Planning in the New Europe | Kooperativ Planen im neuen Europa, IRIS-ISIS-Schriftenreihe Nr. 10, IFOER-Schriftenreihe Nr. 5, Österr. Kunst- u. Kulturverlag, 2006, Wien. — **Faludi, A. (2006)**

Offene Planung als praxisorientiertes Zukunftskonzept, in: SELLE, K., (Hrsg.), Planung und Kommunikation : Gestaltung von Planungsprozessen in Quartier, Stadt und Landschaft, Grundlagen, Methoden, Praxiserfahrungen, Bauverlag, Wiesbaden [u.a.], S. 143 – 152. — **Fassbinder, H. (1996)**

Forester, J. (1989)	Planning in the face of power. Berkeley, Los Angeles, London.
GFK (2006)	GfK Online Monitor 2004ff, http://www.gfk.at, Juli 2006.
Graf, H. (2005)	Joomla! - der Praxisleitfaden für Einsteiger. Von der Installation bis zum eigenen Template. Mit CD-ROM, Addison-Wesley, München.
Grotenhoff, M.; Stylianakis, A. (2002)	Website-Konzeption : von der Idee zum Storyboard, 1. Auflage, Galileo Press, Bonn.
Healey, P. (1992)	Planning through debate. The communicative turn in planning theory, in: The Town Planning Review, 1992, Vol. 63, No. 2, University of Liverpool, Department of Civic Design, S. 143 – 162.
Healey, P. (2006)	Collaborative planning : shaping places in fragmented societies, 2. ed., Basingtoke [u.a.], Palgrave Macmillan.
Hierzegger, H. (2003)	Ifoer Materialien 2003, Institut für Örtliche Raumplanung, Technische Universität Wien.
Hiess, H. (2005)	Unterlagen zum Referat „Funktionsfähigkeit ländlicher Räume und Dienstleistungen der Daseinsvorsorge" am Planertag 2005, Raumumbau und demografischer Wandel, 4.10.2005.
Horx, M. (2004)	Die Netzwerk-Welt, in: Die Presse, Wiener Tageszeitung, 20.03.2004.
Innes, J. (1995)	Planning theory's emerging paradigm: Communicative action and interactive practise, in: Journal of Planning Education and Research 14. Jg., H. 3, S. 183 – S. 189.
Klaus-Eder, M. (2005)	Zukunftsszenario: Netzwerke ersetzen Unternehmen, in WCM-Computerzeitung Online, http://www.wcm.at, Bereich: IT Business, August 2005.
Kuhlen, F. (2005)	E-World – Technologien für die Welt von morgen, Berlin [u.a.], Springer.
Kunzmann, K. R. (2001)	Raumplanung: ein Tiger ohne Zähne? – Impulsstatement Podium 4: Raumplanung – ohne öffentliches Interesse?, in ARL Forschungs- und Sitzungsberichte Bd. 218, Beitrag beim Zukunftsforum RaumPlanung: Gemeinsamer Kongress 2001 von ARL und BBR, ARL, Hannover, 2002.
Lendi, M. (1995)	Grundriß einer Theorie der Raumplanung : Einleitung in die raumplanerische Problematik, 2., veränd. und erw. Auflage, Vdf Hochschulverlag, Zürich.
Linzer, H.; Voigt, A.; Walchhofer, H. P. (1994)	Medial gestützte Methoden der Bürgerbeteiligung; in: Forschungsbericht, 180/93, Institut für Örtliche Raumplanung (IFÖR), Technischen Universität Wien.
Linzer, H. (2001)	Die Notwendigkeit interkommunaler Zusammenarbeit in Österreich, in: IFOER-Schriftenreihe E268-4 : Interkommunale Planung, VOIGT, A.; WALCHHOFER, H.P. [Hrsg.], Öster. Kunst- und Kulturverlag, Wien, S. 23 – 25.

5. Verzeichnisse

Online-Mediation als Instrument für eine nachhaltige Stadt- und Regionalplanung : eine qualitative Untersuchung zur internen und externen Relevanz online-mediierter Verfahren, Shaker-Verlag, Aachen.	Märker, O. (2005)
Der Wohlfahrtsstaat von morgen : Entwurf eines zeitgemäßen Musters staatlicher Intervention, Österreichischer Bundesverlag G.m.b.H, Wien.	Matzner, E. (1982)
What is the Web 2.0? - Design Patterns and Business Models for the Next Generation of Software, http://www.oreilly.de/artikel/web20.html, Juli 2006.	O'Reilly, T. (2006)
Österreichische Raumordnungskonferenz, Raumordnung in Österreich, Schriftenreihe Nr. 137, Wien.	ÖROK (1998)
Österreichische Raumordnungskonferenz, Österreichisches Raumentwicklungskonzept 2001, Schriftenreihe Nr. 163, Wien.	ÖROK (2002)
Österreichische Raumordnungskonferenz, ÖROK-Prognosen 2001 – 2031, Teil 1: Bevölkerung und Arbeitskräfte nach Regionen und Bezirken Österreichs, Eigenverlag, Wien.	ÖROK (2004)
Österreichische Raumordnungskonferenz, ÖROK-Prognosen 2001 – 2031, Teil 2: Haushalte und Wohnungsbedarf nach Regionen und Bezirken Österreichs, Eigenverlag, Wien.	ÖROK (2005a)
Österreichische Raumordnungskonferenz, Raumordnung im 21. Jahrhundert – zwischen Kontinuität und Neuorientierung, 12. ÖROK-Enquete zu 50 Jahre Raumordnung in Österreich, Sonderserie Raum & Region, Heft 2, Wien.	ÖROK (2005b)
Österreichische Raumordnungskonferenz, Elfter Raumordnungsbericht, Analysen und Berichte zur räumlichen Entwicklung Österreichs 2002 – 2004, Eigenverlag, Wien.	ÖROK (2005c)
Erfolgreich durch Netzwerkkompetenz : Handbuch für Regionalentwicklung, Wien [u.a.], Springer.	Payer, H.; Bauer-Wolf, S.; Scheer, G. (2008)
GATS, Abkommen über den Handel mit Dienstleistungen im Rahmen der Welthandelsorganisation (WTO), Vortrag an der TU Wien, Jänner 2004.	Pospischill, M. (2004)
Schicker: "Wir lichten den Wiener Schilderwald", in Rathauskorrespondenz Wien, Magistratsabteilung 53, vom 26.04.2006, http://www.wien.gv.at.	Rathauskorrespondenz Wien (2006)
Die Grenzen überschreitende Raumplanung, in: ÖROK-Schriftenreihe, Raumordnung im Umbruch – Herausforderungen, Konflikte, Veränderungen, Festschrift für Eduard Kunze, Sonderserie Raum&Region – Heft 1, Österreichische Raumordnungskonferenz, S. 184 – 189, Wien.	Schimak, G. (2003)
Vorlesungsunterlagen: Methoden und Instrumente der Regionalplanung, Fachbereich Regionalplanung und Regionalentwicklung, TU Wien, Wien.	Schimak, G. (2005)

Schindegger, F. (1999) Raum, Planung, Politik – ein Handbuch zur Raumplanung in Österreich, Hrsg. vom Österreichischen Institut für Raumplanung (ÖIR), Böhlau, Wien [u.a.].

Schönwandt, W. (1999) Grundriss einer Planungstheorie der „dritten Generation", in: DISP 136/137, ETH Zürich, S. 25 – 35.

Schönwandt, W. (2000) Grundriss einer Planungstheorie der „dritten Generation", in: IFOER E268-3, VOIGT, A.; WALCHHOFER H. P. [Hrsg.], Wien, S. 3 – 31.

Schönwandt, W. (2002) Planung in der Krise?, Theoretische Orientierungen für Architektur, Stadt- und Raumplanung, Kohlhammer, Stuttgart.

Selle, K. (1996a) Was ist bloß mit der Planung los? : Erkundungen auf dem Weg zum kooperativen Handeln, ein Werkbuch, 2. durchgesehene Aufl., IRPUD, Dortmund.

Selle, K. [Hrsg.] (1996b) Planung und Kommunikation : Gestaltung von Planungsprozessen in Quartier, Stadt und Landschaft, Grundlagen, Methoden, Praxiserfahrungen, Bauverlag, Wiesbaden [u.a.], 1996.

Selle, K. (2005) Planen, Steuern, Entwickeln : über den Beitrag öffentlicher Akteure zur Entwicklung von Stadt und Land, Dortmunder Vertrieb für Bau- und Planungsliteratur, Dortmund, 2005.

Sieghartsleitner, K. (2004) Referat zum „Steinbacher Weg" – ein Modell für die Lokale Agenda 21 mit Beispielen aus Steinbach an der Steyr (Oberösterreich), Technische Universität Wien.

Spannowsky, W. [Hrsg.] (2001) Planung heute und morgen, zukunftsorientierte Managementstrategien zur Bewältigung komplexer Problemlagen in stadtplanerisch schwierigen Räumen, Heymanns, Köln, S. 165 – S. 177.

Staubach, R. (1994) Lokale Zusammenarbeit zur Erneuerung benachteiligter Stadtgebiete, Werkbericht der AGB No. 35, Dortmund.

Statistik Austria (2006) Statistische Übersichten, Haushalte und Wohnungen, April 2006, http://www.statistik.at.

Streich, B. (2005) Stadtplanung in der Wissensgesellschaft : ein Handbuch, VS Verlag für Sozialwissenschaften, 1. Auflage, Wiesbaden.

Strubelt, W. (2004) Raumordnung zwischen Kontinuität und Umbruch – Erfahrungen aus Deutschland, in ÖROK Schriftenreihe: Raumordnung im 21.Jahrhundert – zwischen Kontinuität und Neuorientierung, 12. ÖROK-Enquete zu 50 Jahren Raumordnung in Österreich, Wien, 2005.

Uexküll, J. von (1973) Theoretische Biologie, Frankfurt am Main, Suhrkamp, 1. Auflage 1928.

Raumbezogene Simulation und örtliche Raumplanung : Wege zu einem (stadt-)raumbezogenen Qualitätsmanagement, Österreichischer Kunst- u. Kulturverlag, Wien.	Voigt, A. (2005)
"CACD" – Computer Aided City Development, Pilotprojekt "die Digitale Stadt", Forschung, Institut für Örtliche Raumplanung (IFÖR), Technische Universität Wien, 30.05.1998.	Voigt, A. et al. (1998)
Raum@ : Positionen der Forschung zum Lebensraum, IRIS-ISIS-publications at ÖKK-editions, Österr. Kunst- u. Kulturverlag, Wien.	Voigt, A.; Martens, B.; Linzer, H. (2003)
Österreichisches Institut für Wirtschaftsforschung, Wirtschaftswachstum mittelfristig mehr als 2%. Prognose der österreichischen Wirtschaft bis 2010, Presseinformation, 6. Juni 2006.	WIFO (2006)
Wikipedia, die freie Enzyklopädie, deutsch, http://de.wikipedia.org.	Wikipedia (2007)
World Wide War, in: Die Weltwoche, Ausgabe 46/05, http://www.weltwoche.ch.	Zucker, A. (2005)

5.2 Abbildungsverzeichnis

Abb. 1: Bevölkerungspyramide 1998, 2030, 2050	S. 12
Abb. 2: Bevölkerungsveränderung bis 2031	S. 13
Abb. 3: Der Planer zwischen Ziel und Wirklichkeit	S. 24
Abb. 4: Beispiel für Akteursvielfalt in der nördlichen Innenstadt von Dortmund	S. 27
Abb. 5: "Grundschema Planung"	S. 32
Abb. 6: Der intermediäre Bereich	S. 34
Abb. 7: Gefangenendilemma beim Bau eines Betriebsgebietes	S. 43
Abb. 8: Best Practice Datenbank im Netzwerk Raumplanung	S. 45
Abb. 9: Entwicklung des Internet-Marktes 1996 – 2005	S. 49
Abb. 10: Internet-Nutzung gesamt nach Alter 2000 und 2005	S. 49
Abb. 11: Startseite Netzwerk Raumplanung	S. 52
Abb. 12 u. Abb.13: Fotos von der Verleihung der Urkunden am Planertag	S. 57
Abb. 14 PeopleBook	S. 59
Abb. 15: Suchfunktion	S. 60
Abb. 16: Benutzerprofil im PeopleBook	S. 60
Abb. 17: Projekteintrag in der "Best Practice Datenbank"	S. 61
Abb. 18: Linkverzeichnis	S. 62
Abb. 19: Linkeintrag	S. 62
Abb. 20: Kalenderansicht in der Veranstaltungsdatenbank	S. 63
Abb. 21: Jobbörse	S. 64

5.3 Tabellenverzeichnis

Tab. 1: Merkmale der Kooperation nach SELLE   S. 35
Tab. 2: Ausüben von Macht durch Missachtung der universalpragmatischen Normen   S. 36
Tab. 3: Anforderungen an eine kommunikativ orientierte Planungspraxis   S. 40
Tab. 4: Formen der Information, Beteiligung und Kooperation via Internet   S. 66

6. Anhang

6.1 Kurzinformation zum Netzwerk Raumplanung

Netzwerk Raumplanung
Eine Initiative der Raumplanung der TU Wien.

Das Netzwerk Raumplanung ist eine **Kommunikations-, Informations- und Kooperationsplattform für RaumplanerInnen**. Ziel dieser Website ist, den Dialog zwischen Theorie und Praxis sowie zwischen RaumplanerInnen und Fachgebieten zu fördern. Dazu steht es Planungspraktikern AbsolventInnen, Lehrenden und Studierenden der (raum)planungsrelevanten Studienrichtungen kostenlos zu Verfügung.

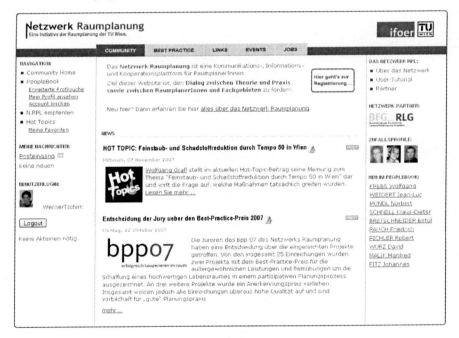

Welche Möglichkeiten bietet das Netzwerk Raumplanung?

Das Netzwerk Raumplanung besteht aus fünf Schwerpunktbereichen – „Community", „Best Practice Datenbank", „Linkverzeichnis", „Eventdatenbank" und „Jobs".

Der Bereich „**Community**" beheimatet Tools, die es registrierten Usern ermöglichen, sich zu präsentieren und ihr individuelles Netzwerk an Kontakten zu erweitern und zu pflegen. Gezielt kann nach ProjektpartnerInnen, JahrgangskollegInnen oder ExpertInnen zu bestimmten Themenbereichen gesucht werden. Ähnlich wie in Business-Clubs können auch Personen aus dem Netzwerk kontaktiert und zu den persönlichen Kontakten hinzugefügt werden. So erweitern sich mit jedem Mitglied das Netzwerk an PlanerInnen und natürlich auch die persönlichen Netzwerke der User. Denn oft ist die Welt "klein" und zufällig ist die gesuchte Expertin eine Jahrgangskollegin eines Bekannten. Das macht natürlich die Kontaktaufnahme um einiges einfacher. Und genau deswegen sind im Netzwerk Raumplanung auch die Kontakte der Kontakte sichtbar.

Der Bereich „**Best Practice Datenbank**" stellt eine Sammlung von guten Planungsbeispielen dar. Es können sowohl Projekte gesucht als auch eingegeben werden. Registrierte PlanerInnen haben dabei die Möglichkeit, die eigenen Projekte den passenden Kategorien hinzuzufügen und zu verwalten. Das hat zwei Vorteile: Zum einen entsteht eine Referenzsammlung an Projekten aus dem Fachgebiet der Raumplanung, die der Öffentlichkeit leicht zugänglich ist. Gute Beispiele
zeigen, was gute Planung leistet. Zum anderen entsteht eine individuelle Referenzsammlung des Users, denn es lassen sich auch gezielt alle Einträge des "Besitzers" anzeigen. Um eine Qualitätssicherung der eingegeben Projekte zu gewährleisten, muss jedes Projekt vor Veröffentlichung von einem Administrator freigegeben werden. Darüber hinaus gibt es die Möglichkeit, die Projekte zu bewerten, zu kommentieren oder einem Bekannten weiter zu empfehlen.

Das „**Linkverzeichnis**" umfasst eine Sammlung von planungsspezifischen Webseiten. Das Besondere daran: neben den Links finden sich zu jeder Website eine Kurzbeschreibung sowie Kontaktinformationen. Eine integrierte Suchmaschine und die Zuordnung der Einträge zu Kategorien garantieren ein rasches Auffinden. User haben auch hier die Möglichkeit, Links dem Verzeichnis hinzuzufügen und die Eintragungen zu kommentieren und zu bewerten. Bei allen Linkeinträgen findet man auch eine Abbildung zu der jeweiligen Website.

Die „**Veranstaltungsdatenbank**" beinhaltet Informationen zu planungsspezifischen Veranstaltungen. Es gibt dabei die Möglichkeit, zwischen Kalenderansicht oder Listenansicht und mehreren Kategorien zu wählen. Natürlich kann jeder User eine neue Veranstaltung vorschlagen. In einer Übersicht stehen allgemeine Informationen zur Veranstaltung wie Datum, Art der Veranstaltung etc..

Die „**Jobbörse**" ist der neueste Servicebereich im Netzwerk Raumplanung und informiert über planungsspezifische Jobangebote. Auch hier sind sowohl das Posten von Jobs wie auch das Lesen der Angebote kostenfrei. Die Inserate werden als Pdf- oder Doc-Dokumente online gestellt.

6.2 Kontaktdaten zum Netzwerk Raumplanung

Werner Tschirk, Dipl.-Ing.
Andreas Voigt, Ao.Univ.Prof. Ing.Kons. Dipl.-Ing. Dr.

Technische Universität Wien
Fachbereich Örtliche Raumplanung [e280|4]

Karlsgasse 13/3, A-1040 Wien

Tel.: +43-1-58801x26801
Fax: +43-1-58801x26899

E-Mail: office@netzwerk-raumplanung.at
URL: http://www.netzwerk-raumplanung.at

6.3 Postkarte zum Netzwerk Raumplanung

Foto: franky@photocase.com

Wissenschaftlicher Buchverlag bietet

kostenfreie

Publikation

von

wissenschaftlichen Arbeiten

Diplomarbeiten, Magisterarbeiten, Master und Bachelor Theses
sowie Dissertationen, Habilitationen und wissenschaftliche Monographien

Sie verfügen über eine wissenschaftliche Abschlußarbeit zu aktuellen oder zeitlosen Fragestellungen, die hohen inhaltlichen und formalen Ansprüchen genügt, und haben **Interesse an einer honorarvergüteten Publikation**?

Dann senden Sie bitte erste Informationen über Ihre Arbeit per Email an info@vdm-verlag.de. Unser Außenlektorat meldet sich umgehend bei Ihnen.

VDM Verlag Dr. Müller Aktiengesellschaft & Co. KG
Dudweiler Landstraße 125a
D - 66123 Saarbrücken

www.vdm-verlag.de